Ordem
constitucional
econômica

Central de Qualidade — FGV Management

ouvidoria@fgv.br

SÉRIE DIREITO DO ESTADO E DA REGULAÇÃO

Ordem constitucional econômica

Joaquim Falcão

Sérgio Guerra

Rafael Almeida

Organizadores

Direitos desta edição reservados à
EDITORA FGV
Rua Jornalista Orlando Dantas, 37
22231-010 | Rio de Janeiro, RJ | Brasil
Tels.: 0800-021-7777 | 21-3799-4427
Fax: 21-3799-4430
editora@fgv.br | pedidoseditora@fgv.br
www.fgv.br/editora

Impresso no Brasil | *Printed in Brazil*

Os conceitos emitidos neste livro são de inteira responsabilidade dos autores.

1ª edição — 2013

Preparação de originais: Sandra Frank
Editoração eletrônica: FA Studio
Revisão: Fernanda Villa Nova de Mello | Sandro Gomes dos Santos
Capa: aspecto:design

Ficha catalográfica elaborada pela
Biblioteca Mario Henrique Simonsen/FGV

Ordem constitucional econômica / Organizadores: Joaquim Falcão, Sérgio Guerra, Rafael Almeida. – Rio de Janeiro: Editora FGV, 2013.
212 p. – (Direito do Estado e da Regulação (FGV Management))

Publicações FGV Management.
Inclui bibliografia.
ISBN: 978-85-225-1301-7

1. Direito constitucional. 2. Direito econômico. 3. Monopólios do governo. 4. Serviços públicos 5. Agências reguladoras de atividades privadas. I. Falcão, Joaquim, 1943-. II. Guerra, Sérgio, 1964-. III. Almeida, Rafael. IV. Fundação Getulio Vargas. V. FGV Management. VI. Série.

CDD – 341.2

Nossa missão é construir uma Escola de Direito referência no Brasil em carreiras públicas e direito empresarial, formando lideranças para pensar o Brasil a longo prazo e ser referência no ensino e na pesquisa jurídica para auxiliar o desenvolvimento e avanço do país.

FGV Direito Rio

Sumário

Apresentação

Aliada à credibilidade de mais de meio século de excelência no ensino de economia, administração e outras disciplinas ligadas à atuação pública e privada, a Escola de Direito do Rio de Janeiro da Fundação Getulio Vargas – FGV Direito Rio – iniciou suas atividades em julho de 2002. A criação desta nova escola é uma estratégia da FGV para oferecer ao país um novo modelo de ensino jurídico capaz de formar lideranças de destaque na advocacia e nas carreiras públicas.

A FGV Direito Rio desenvolveu um cuidadoso plano pedagógico para seu Programa de Educação Continuada, contemplando cursos de pós-graduação e de extensão. O programa surge como valorosa resposta à crise do ensino jurídico observada no Brasil nas últimas décadas, que se expressa pela incompatibilidade entre as práticas tradicionais de ensino do direito e as demandas de uma sociedade desenvolvida.

Em seu plano, a FGV Direito Rio assume o papel de formar profissionais preparados para atender às reais necessidades e expectativas da sociedade brasileira em tempos de globalização. Seus cursos reforçam o comprometimento da escola em inserir no mercado profissionais de direito capazes de lidar com áreas interdisciplinares, dotados de uma visão ampla das questões jurídicas e com sólidas bases acadêmica e prática.

A Série Direito do Estado e da Regulação é um importante instrumento para difusão do pensamento e do tratamento dado às modernas teses e questões discutidas nas salas de aula dos cursos de MBA e de pós-graduação, focados no direito público, desenvolvidos pela FGV Direito Rio.

Desta forma, esperamos oferecer a estudantes e advogados um material de estudo que possa efetivamente contribuir com seu cotidiano profissional.

Introdução

Este volume dedicado ao estudo da ordem constitucional econômica tem origem em profunda pesquisa e sistemática consolidação dos materiais de aula acerca de temas que despertam crescente interesse no meio jurídico e reclamam mais atenção dos estudiosos do direito. A intenção da Escola de Direito do Rio de Janeiro da Fundação Getulio Vargas é tratar de questões atuais sobre o tema, aliando a dogmática e a pragmática jurídicas.

A obra trata, de forma didática e clara, dos conceitos e princípios da ordem constitucional econômica, analisando as questões em face das condições econômicas do desenvolvimento do país e das discussões recentes sobre o processo de reforma do Estado.

O material aqui apresentado abrangerá assuntos relevantes, como:

❑ a disciplina constitucional das atividades econômicas reguladas: uma visão a partir da análise econômica do direito;
❑ princípios da ordem econômica: ponderação e meios de harmonização;

- regulação, concorrência e defesa do consumidor: interfaces e complementaridade;
- agências reguladoras;
- serviços públicos; e
- monopólios estatais.

Em conformidade com a metodologia da FGV Direito Rio, cada capítulo conta com o estudo de *leading cases* para auxiliar na compreensão dos temas. Com ênfase em casos práticos, pretendemos oferecer uma análise dinâmica e crítica das normas vigentes e sua interpretação.

Esperamos, assim, fornecer o instrumental técnico-jurídico para os profissionais com atuação ou interesse na área, visando fomentar a proposição de soluções criativas para problemas normalmente enfrentados.

1

A disciplina constitucional das atividades econômicas reguladas: uma visão a partir da análise econômica do direito

Roteiro de estudo

Conceitos básicos de Estado. O que é Estado?

Por muito tempo o direito público despendeu grandes esforços na busca por conceituar Estado, definir seus elementos constitutivos, bem como estudar suas normas de caráter exclusivamente organizacional.

O próprio termo "constituição" denota haver o constitucionalismo nascido extremamente ligado à ideia de estruturação e definição do Estado.[1] Em aspectos terminológicos, a expressão "constituição" se refere justamente à ideia de construção de

---

[1] No decorrer da História, entretanto, variam imensamente os temas passíveis de serem objeto constitucional. Passam as constituições a se ocupar não somente das normas basilares de organização dos Estados, mas também a definir direitos de indivíduos, grupos e coletividades. Em certo momento, inclusive, para alguns autores, a Constituição passa mesmo a poder estipular diretrizes conformadoras dos mais diversos ramos sociais. Neste sentido a ideia de "constituição dirigente" (CANOTILHO, J. J. Gomes. *Direito constitucional e teoria da Constituição*. Coimbra: Almedina, 1998).

determinado ser a partir de seus elementos constitutivos. No caso, ao se estudar a constituição de certo Estado, estar-se-ia analisando precisamente os elementos sobre os quais o mesmo se estrutura, as normas que determinam sua organização e sua natureza.

Outra prova da clássica discussão a respeito do conceito de Estado e seus elementos estruturantes foi a sempre tormentosa questão a respeito do devido enquadramento da teoria da constituição entre as ciências jurídicas ou entre as ciências políticas.[2] Na mesma linha, pode-se mencionar o surgimento de uma disciplina autônoma designada "teoria geral do Estado", cujo objeto de estudo eram as instituições principais atinentes à estrutura estatal.

O conceito de Estado nunca foi uniforme, havendo grande discussão a respeito de distintas concepções apresentadas sobre o instituto. Em estudo sobre o assunto, bem notou Dalmo de Abreu Dallari esta realidade:

> São tantos os conceitos de Estado formulados com a maior diversidade pelos autores que o têm estudado em profundidade, que se torna indispensável a fixação prévia de um conceito, a fim de serem evitadas as divergências decorrentes da diferença de concepções [...] Para confirmar sua afirmação, feita com o objetivo de propor a substituição do conceito de Estado pelo de "sistema político", menciona o fato de C. H. Titus haver coligido mais de cento e quarenta e cinco diferentes definições de Estado.[3]

Prossegue o jurista citado demonstrando a pluralidade de acepções, sob os mais diversos enfoques de observação, exis-

---

[2] Cf. VERDU, Pablo Lucas. *Curso de derecho político*. Madri: Tecnos, 1980. v. II, p. 403-415.

[3] DALLARI, Dalmo de Abreu. *O futuro do Estado*. São Paulo: Moderna, 1980. p. 49.

tentes sobre Estado. No que toca à historicidade do instituto, segundo afirma Dalmo de Abreu Dallari, há quem defenda constituir o Estado "princípio organizador de todas as sociedades", outros alegam pertencer o mesmo a uma realidade histórica determinada.[4] Sob outro critério de análise, mas semeando igualmente a pluralidade de entendimentos, não há consenso sobre o fato de o Estado representar figura política, jurídica ou social.[5] Pode-se compreender o Estado enquanto figura política, sendo foco evidente de poder desempenhado sobre o povo no âmbito da *polis*. Igualmente, apresenta-se o Estado como fato ou função social, inserido em uma visão sociológica. Por fim, nada obsta o entendimento do Estado enquanto ente puramente jurídico.[6]

Após apresentar com propriedade os desencontros no tema, acaba finalmente Dalmo de Abreu Dallari por apresentar seu próprio conceito de Estado: "Em conclusão, é o seguinte o conceito de Estado que aqui se adota: ordem jurídica soberana, que tem por fim o bem comum de um povo situado em determinado território".[7]

Paulo Bonavides, por sua vez, a respeito daquela que considera a melhor concepção de Estado já criada, afirma: "Formu-

---

[4] Ibid., p. 50.

[5] Ibid., p. 51.

[6] Este, a rigor, o entendimento de Hans Kelsen, que, buscando dotar o direito de cientificidade, intentou isolá-lo de toda e qualquer influência interdisciplinar. Dessa forma, os fatores políticos, sociais, econômicos e filosóficos não deveriam afetar os institutos jurídicos "puramente" (e, por isso, científicos) concebidos. Muito se critica atualmente este posicionamento, que veio a ser denominado positivismo. No campo do direito público, defende-se a impossibilidade de estudo constitucional isolado de considerações de ordem política e social, estando o direito inserido no meio que pretende regular. Nada obsta, portanto, que o Estado seja percebido simultaneamente como realidade política, jurídica e social. Cf. LEIBHOLZ, Gerhardt. *Conceptos fundamentales de la política y de la teoría de la Constitución*. Madri: Instituto de Estudios Políticos, 1964. p. 13-49.

[7] DALLARI, Dalmo de Abreu. *O futuro do Estado*, 1980, op. cit., p. 56.

lou-a Jellinek quando disse que o Estado 'é a corporação de um povo, assentada num determinado território e dotada de um poder originário de mando'. Conceito este irrepreensível".[8] Percebe-se não serem idênticos os conceitos de Estado transcritos, formulados pelos dois juristas mencionados. Para Paulo Bonavides, conforme visto, o Estado seria a corporação de um povo, sendo esta dotada de poder. Para Dalmo de Abreu Dallari, porém, o Estado não se confunde com o povo. Trata-se de ordem jurídica, sendo o bem do povo o objetivo desta.

Nada obstante, malgrado haver diferenças, os conceitos de Estado apresentados possuem importantes semelhanças a respeito dos seus elementos constituintes. Apesar de toda a discussão, podem-se destacar, primordialmente, três elementos constitutivos: o território, o povo e a ordem jurídica soberana.

O território constitui o elemento de natureza espacial. Trata-se de estabelecer os limites físicos dentro dos quais incidirá a ordem soberana do Estado. Costuma-se desmembrar o território em terrestre, espaço aéreo e mar territorial.[9]

O segundo elemento constitutivo do Estado é o povo. Este, por sua vez, representa o elemento pessoal subjetivo estatal. Segundo o art. 1º, parágrafo único, da Constituição Federal, todo poder emana do povo, consagrando em nosso ordenamento a soberania popular. Povo possui conotação jurídico-política, referindo-se aos cidadãos pertencentes e participantes de determinada comunidade política. Neste sentido, não se confunde povo com nação, expressão subjetiva e de caráter cultural, racial ou religioso.

[8] BONAVIDES, Paulo. *Ciência política*. 10. ed. São Paulo: Malheiros, 2001. p. 67.
[9] O ordenamento jurídico pode ainda caracterizar ideologicamente como território nacional espaços geograficamente *a priori* fora dos limites mencionados. Seriam os casos de embarcações e aeronaves a serviço governamental ou civis de bandeira brasileira quando em área internacional.

Por fim, o último elemento constitutivo do Estado é a ordem jurídica soberana.[10] Trata-se da manifestação de poder máximo a dispor as condutas a serem obedecidas nos limites definidos pelo território estatal para sua incidência.

A "nova discussão": o escopo do Estado

Todo o debate mencionado acima a respeito das melhores definições do conceito de Estado, bem como de seus elementos constitutivos, de suas normas de organização e de sua natureza jurídica parece sair progressivamente da ordem do dia. Longe de haver sido a questão pacificada mediante formulação de definições unissonamente acatadas, a rigor, trata-se do advento de outras controvérsias a ocupar a atenção da doutrina nos dias atuais.

O objeto do direito público não se resume mais ao estudo estático das normas de organização estatal, como o era quando de seu surgimento. Em verdade, mais importante que saber "o que é o Estado", é indagar quais os objetivos e modalidades de atuação do mesmo.

Os fins a serem atingidos pelo poder público, bem como as formas de o Estado agir, sofreram relevantes transformações ao longo dos anos. Justamente por essa razão, a indagação a respeito do escopo do Estado ganha posição de destaque no centro dos debates. Ha Joon Chang destaca a atenção conferida ao estudo do papel do Estado nos seguintes termos:

> O papel do Estado na economia capitalista tem sido um dos mais controversos tópicos em economia desde o nascimento

[10] Há quem fale unicamente em ordem jurídica, bem como quem mencione apenas a soberania. Por fim, para parte da doutrina, haveria ainda um quarto elemento constitutivo do Estado, que seria o reconhecimento internacional do mesmo.

da disciplina. Quase todos concordam que o Estado tem uma função a desempenhar, mas há pouco consenso a respeito de quando ou como deva agir.[11]

No que diz respeito à ordem econômica, objeto de nosso estudo, em linhas gerais, pode o Estado nela atuar mediante três modalidades distintas,[12] a saber: a disciplina, o fomento e a atuação direta. Através da disciplina, o Estado conforma coercitivamente o desempenho de atividades econômicas realizadas pela iniciativa privada. Neste intuito, expede normas de conduta a serem obedecidas pela atividade, fiscaliza seu cumprimento, bem como aplica sanções em casos de descumprimento.

O fomento, por sua vez, consiste no fornecimento de incentivos, pelo poder público, aos agentes econômicos, para que desempenhem suas atividades econômicas nos moldes mais convenientes à busca do interesse público. Trata-se de instrumento típico da ideia de administração consensual, não havendo imposição coercitiva de conduta aos particulares.

Por fim, pode o Estado atuar diretamente sobre a ordem econômica ao prover-se de atividades econômicas. Estas últimas, por seu turno, na já clássica lição de Eros Roberto Grau, se subdividem nas espécies serviço público e atividade econômica em sentido estrito.[13]

Sabe-se que as diversas modalidades de atuação do poder público sobre a economia não expressam intensidades idênticas de intervenção nem se prestam a atender às mesmas finalidades.

---

[11] CHANG, Ha Joon. *The political economy of industrial policy*. Londres: Macmillan, 1994. p. 7.

[12] Cf. GRAU, Eros Roberto. *A ordem econômica na Constituição de 1988*. 6. ed. São Paulo: Malheiros, 2001. Ver também: BARROSO, Luís Roberto. A ordem econômica constitucional e os limites à atuação estatal no controle de preços. In: _____ (Org.). *Temas de direito constitucional*. Rio de Janeiro: Renovar, 2003a. t. II. O tema será novamente abordado, de forma mais detalhada, ao longo deste estudo.

[13] GRAU, Eros Roberto. *A ordem econômica na Constituição de 1988*, 2001, op. cit.

Dessa forma, a evolução das concepções ideológicas a respeito da possibilidade de intervenção estatal, bem como das expectativas depositadas sobre o Estado acarretaram evidentes alterações sobre os instrumentos de atuação deste sobre a economia.

A modalidade de atuação "disciplina", como visto, importa conformação do desempenho de atividades pelos agentes particulares, comportando evidente tensão ao restringir o princípio da livre iniciativa,[14] fundamento do Estado segundo o art. 1º da Carta Magna. Assim, deve a disciplina das atividades econômicas desempenhadas pelos particulares possuir caráter excepcional, permitida unicamente com a devida fundamentação em outro interesse tutelado pela Constituição.

Há hipóteses em que o próprio Estado realiza a atividade econômica. Evidentemente, portanto, mais excepcional ainda deve ser esta modalidade de atuação. Este é precisamente o sentido do art. 173, *caput*, da Constituição Federal ao prever que somente em imperativo de segurança nacional ou por relevante interesse coletivo poderá o Estado atuar diretamente na economia.

Prestando-se a ideologia simetricamente oposta, a atuação por fomento apresenta pequeno grau interventivo. Isto por não haver imposição coercitiva de qualquer conduta aos agentes privados, mas tão somente incentivo para que os mesmos a realizem por vontade própria.

Tendo em vista as diferentes intensidades de intervenção estatal trazidas pelas modalidades de atuação econômica apontadas, sua utilização varia entre os ordenamentos conforme a política econômica segundo a qual suas respectivas constituições foram criadas.

---

[14] Em consonância com a forma registrada na Constituição Federal (arts. 1º, IV; 155, § 4º, IV, "b"; 170, *caput*, IV), as expressões "livre iniciativa" e "livre concorrência", entre outras afins, são grafadas neste livro sem hífen. (N.E.)

Assim é que, à época do liberalismo clássico, vigorava a liberdade econômica em graus extremos. Era vedada qualquer participação estatal sobre a economia, devendo o mercado se autorregular pela "mão invisível" a que se referia Adam Smith, sob o *laissez-faire*. Neste momento histórico do constitucionalismo moderno ocidental, emergiram as constituições de cunho liberal, notadamente marcadas por um baixo grau de intervenção estatal no domínio econômico, dada a ideologia predominante do não intervencionismo estatal na esfera de liberdade do indivíduo, típica do liberalismo clássico, e que impregnava as decisões políticas da época.[15]

Com o advento das crises do capitalismo (em especial a de 1929), entretanto, impôs-se a intervenção estatal no mercado. Isso porque caíra por terra a crença absoluta de que as leis do mercado se regulariam com perfeição. O grande marco inicial dessa nova estrutura intervencionista pode ser apontado na política do *New Deal*, do presidente Roosevelt nos Estados Unidos, justamente no intuito de combater a crise econômica dos anos 1930, impregnando, posteriormente, em especial no período pós-guerra, o constitucionalismo ocidental, que passaria a dotar-se de um viés predominantemente social, de cunho fortemente intervencionista.

---

[15] Caso paradigmático que foi levado ao crivo judicial e que dá os contornos da ideologia liberal dominante nessa época, tendo norteado inclusive as decisões judiciais tomadas daí em diante, foi o "Lochner v. Nova York", julgado pela Suprema Corte americana em 1905. Na ocasião, foi colocada em questão a constitucionalidade da lei do Estado de Nova York que limitava em 60 horas semanais, no máximo, a carga horária de trabalho dos pedreiros. A corte entendeu que "limitar a carga de horário de trabalho cerceava, irrazoavelmente, a liberdade de contratar", de modo que a lei acabou sendo declarada inconstitucional em razão de seu "caráter paternalista", o qual ia de encontro ao sistema econômico pautado na liberdade e consagrado na Constituição norte-americana. Ver CYRINO, André Rodrigues. *Direito constitucional regulatório*: elementos para uma interpretação institucionalmente adequada da Constituição econômica brasileira. Rio de Janeiro: Renovar, 2010. p. 73 e segs.

O Brasil chegou à década de 1990 estruturado basicamente sob este modelo interventivo. A atuação estatal na economia atingia os níveis máximos de intervenção. Pode-se afirmar que a regra era a atuação direta. Em muitos casos, mais que atuar diretamente, o Estado ainda atuava no regime de monopólio. As consequências negativas saltavam aos olhos. O Estado brasileiro se encontrava demasiadamente interventivo. Havia excesso de burocracia e ineficiência. A solução foi uma retração – a intervenção havia avançado mais que o indicado e deveria retornar a patamar razoável.

A rigor, esta alteração se iniciara com a Constituição de 1988, que, em seu texto original, já previa a excepcionalidade da atuação econômica estatal direta. A retração estatal, todavia, cresceu ainda mais mediante importantes emendas que relativizaram monopólios e permitiram a concessão de serviços públicos. São exemplos dessa transformação as reformas constitucionais que acabaram com as restrições ao capital estrangeiro (emendas constitucionais nos 6, 7 e 36); as reformas constitucionais que flexibilizaram os monopólios estatais (emendas constitucionais nos 5, 8, 9 e 49), diminuindo, assim, o papel do Estado empresário; e o processo de privatizações, após a edição da Lei nº 8.031/1990, que instituiu o Plano Nacional de Desestatização (PND) e que veio a ser substituída pela Lei nº 9.491/1997.[16]

Perceba-se, no entanto, que a redução da intervenção estatal na economia não representa, de forma alguma, o retorno ao liberalismo clássico no qual era a mesma vedada de forma absoluta; tampouco significa a morte do constitucionalismo social-dirigente que, de certa forma, norteou o "constitucionalismo compromissório"[17] de nossa Carta. Busca-se, na verdade,

---

[16] Ibid., p. 107-109.
[17] O termo "constitucionalismo compromissório" indica o compromisso de constituições em vigor em países democráticos, como a brasileira de 1988 (promulgada justamente

um meio-termo, em que o poder público excepcionalmente intervém, mas o faz desde que e só quando necessário. Ainda, de preferência, deve-se utilizar dos meios de atuação de menor intensidade interventiva. Trata-se do "Estado regulador" ou "Estado de fomento",[18] que substitui o "Estado interventor". Esta estrutura reflete nitidamente uma postura econômica neoclássica tutelada de forma evidente no art. 174 da Carta Magna, nos seguintes termos:

> Como agente normativo e regulador da atividade econômica, o Estado exercerá, na forma da lei, as funções de fiscalização, incentivo e planejamento, sendo este determinante para o setor público e indicativo para o setor privado.

Justificativas econômicas para a regulação. Constituição econômica e as três escolas: escola de Chicago, escola de Virgínia e escola reformista ou progressista

Como dito, estrutura-se a ordem econômica pátria segundo as normas constitucionais atuais, nitidamente segundo a ótica neoclássica, buscando-se instalar um Estado regulador, em que a intervenção estatal sobre a economia possui caráter excepcional.

Prevê o art. 170, *caput*, da Constituição da República Federativa do Brasil ser a livre iniciativa fundamento da ordem constitucional econômica pátria. A rigor, mais que isso, trata-se de princípio fundamental do próprio Estado, conforme se

---

após um longo período de cerceamento de liberdades e direitos básicos durante o regime militar), com as mais distintas forças – sociais, políticas, econômicas – em debate nas assembleias constituintes, a fim de se harmonizarem os mais variados princípios e valores antagônicos (ibid., p. 104).

[18] MOREIRA NETO, Diogo de Figueiredo. *Direito regulatório*. Rio de Janeiro: Renovar, 2005b.

depreende do art. 1º da Carta Constitucional. Dessa forma, não deve o poder público restringir o livre desempenho de atividades pelos agentes privados. Igualmente nesta linha, o parágrafo único do mesmo dispositivo estabelece que "é assegurado a todos o livre exercício de qualquer atividade econômica, independentemente de autorização de órgãos públicos, salvo nos casos previstos em lei".

Fato é que, como dito, possui nossa Constituição caráter evidentemente compromissório. Estabelece o mesmo art. 170 diversos fins e princípios de funcionamento que parecem dispor em sentido justamente inverso ao da liberdade de iniciativa. Apresenta-se igualmente, como fundamento da ordem econômica, o valor do trabalho humano. Da mesma forma, destacam-se, entre os incisos do artigo, os seguintes:

I. soberania nacional;
[...]
III. função social da propriedade;
IV. livre concorrência;
V. defesa do consumidor;
VI. defesa do meio ambiente;
VII. redução das desigualdades regionais e setoriais;
VIII. busca do pleno emprego;
[...]

Perceba-se com clareza que, visando ao devido atendimento dos preceitos acima indicados, inúmeras vezes deverá o Estado justamente restringir a livre iniciativa ao intervir sobre a ordem econômica. Pode ser obrigado o poder público a combater determinado desempenho de livre iniciativa quando este, por abuso de poder econômico, por exemplo, oferecer ameaça à livre concorrência e aos direitos do consumidor. Da mesma forma, pode ser o Estado obrigado a conformar o desempenho da livre iniciativa na busca de proteção ao meio ambiente, ao pleno emprego etc.

Neste contexto se insere a ideia de regulação das atividades privadas. Casos há em que o poder público deverá intervir pela regulação no intuito de conformar a livre iniciativa ao alcance de outros fins igualmente tutelados pela Constituição. A rigor, não sendo a livre iniciativa um princípio absoluto, poderá ser restringida em prol da tutela de qualquer outro interesse consagrado pela Carta Magna, e não apenas dos inscritos nos incisos do art. 170, desde que assim justificado pela relevância do mesmo. Pode-se perfeitamente imaginar, por exemplo, a regulação de atividade privada com o objetivo de evitar a produção de danos à saúde pública.

Fato é que, sob o modelo político econômico consagrado por nossa Constituição, entendeu o constituinte não ser o Estado a solução para todos os males acarretados pelo mercado. Ocorre, todavia, não representar o modelo estatal atual um retorno ao puro liberalismo econômico clássico. A intervenção pode (e deve) sim existir desde que em caráter excepcional na restrição da livre iniciativa, desde que o mercado sozinho não possa se reger sem ofensa grave a outros importantes interesses também tutelados pela Lei Maior. A conformação das atividades privadas à convivência harmônica com estes outros princípios deve se dar pela regulação das mesmas.

Mas o que legitima, de fato, essa regulação? O que explica e autoriza, em última análise, a intervenção do Estado na economia? Em outras palavras, em que consiste esse "Estado regulador" ou "Estado de fomento" e a política econômica a ele subjacente? Segundo André Rodrigues Cyrino, a resposta a essas perguntas não pode estar pautada exclusivamente em critérios normativos, haja vista que, para o autor, a "dogmática normativa convencial" não é suficiente para dar conta da "complexidade do papel do Estado contemporâneo na economia".[19]

Com efeito, nesta tarefa de legitimar o Estado regulador, revela-se imprescindível partir da própria lógica da economia, isto é, dos mercados, os quais podem trazer importantes fundamentos para a compreensão e interpretação dos princípios e regras da ordem econômica inscrita em nossa Carta Magna, norteando, inclusive, a solução de litígios travados nesta seara.[20]

Em busca dessa tarefa, emerge o conceito de "Constituição econômica" que, grosso modo, pode ser definida como o "conjunto de balizas e comandos, consubstanciados através de princípios, regras e postulados, os quais pautam a intervenção, em sentido amplo, do Estado na economia".[21] Mas como legitimar e explicar a existência desse conjunto de regras e princípios que norteiam a intervenção do Estado na economia ou, em suma, como analisar a relação entre economia e direito?

Três escolas buscaram fazer essa análise do direito a partir da economia, entendendo que tal apresentaria os subsídios aptos a justificar a regulação estatal. São elas: a escola de Chicago, a escola de Virgínia e a escola reformista ou progressista.[22]

A escola de Chicago possui como objeto de pesquisa central a análise econômica da *commom law*. Tendo como principal representante o professor e juiz Richard Posner, é vista como "conservadora e abrangente", dado que sua pretensão é a de

reexaminar extensa e profundamente o direito a partir de uma visão própria do mundo e da economia ligada ao capitalismo

---

[19] CYRINO, André Rodrigues. *Direito constitucional regulatório*, 2010, op. cit., p. 10.
[20] Ibid., p. 18.
[21] Ibid., p. 67.
[22] Como salienta o professor André Cyrino, a sistematização das três correntes da análise econômica do direito acima foi feita pela professora de Yale Susan Rose-Ackerman, para quem a opção por uma ou outra escola de pensamento será pautada pela visão política e concepção filosófica de cada um (ibid., p. 141).

do *laissez-faire*, combinada a uma filosofia utilitária, ou de uma ética de maximização da riqueza, com uma crença no individualismo e na liberdade de escolha.[23]

Em outras palavras, segundo a escola de Chicago, o mercado é capaz de, sozinho, gerar riqueza e promover a maior eficiência na alocação de recursos, sendo o direito necessário tão somente quando o mercado não for capaz de solucionar os assuntos do convívio social, ocasiões em que deverá o direito comportar-se como o mercado, valendo-se também da melhor eficiência, tida como modelo e medida de justiça para essa escola de pensamento.[24]

A escola de Virgínia, por sua vez, também chamada de escola da *public-choice*, analisa as relações entre direito e economia a partir da relação que ambos travam com a ciência política, procurando "fornecer modelos descritivos e realistas da política e do direito".[25] Neste sentido, essa escola objetiva que sejam levadas em consideração as "circunstâncias do 'mercado político', a fim de que se busquem meios para o aperfeiçoamento do processo decisório e regulatório", de tal modo que as falhas não conduzam ao afastamento, "mas à melhoria das instituições, que podem ser mais ou menos aptas a garantir um modelo de intervenção econômica sensata".[26]

A escola reformista ou progressista, ou, ainda, escola de New Haven, engloba elementos de ambas as escolas anteriormente citadas, e se vale de premissas de criação do Estado regulador tal como concebido após o *New Deal*. Tendo como objeto de análise os atos normativos do Poder Legislativo e da

[23] Ibid., p. 142.
[24] Ibid., p. 143.
[25] Ibid., p. 148.
[26] Ibid., p. 149.

administração pública, a escola reformista investiga o mercado – suas falhas e defeitos de concorrência, como o monopólio –, analisando o custo × benefício das políticas públicas voltadas para saná-los e defendendo a intervenção estatal na economia para a correção dessas falhas. Sua perspectiva filosófica é o utilitarismo, ou a maximização da riqueza, tal como a escola de Chicago; no entanto, seu fim último é promover a igualdade.[27]

Como visto, cada uma das três escolas possui abordagens e pressupostos distintos, cada uma a seu modo procurando elaborar uma análise econômica do direito e justificar, dessa forma, a intervenção do Estado na economia através dos preceitos regulatórios.

No entanto, no que diz respeito à realidade brasileira, marcada por um viés nitidamente compromissório, a escola reformista parece ser a mais apta a justificar a regulação econômica, contribuindo, além disso, para a efetividade constitucional. Centrando o foco de sua análise econômica na avaliação substantiva dos resultados das políticas públicas em termos de eficiência (o que herda da escola de Chicago), bem como no estudo das instituições tomadoras de decisões sobre o conteúdo da intervenção estatal na economia (o que extrai da escola de Virgínia), sem se afastar dos valores distributivos, a escola reformista é capaz, em maior grau, de contribuir para a plena efetividade dos distintos, e por vezes antagônicos, princípios norteadores da ordem constitucional econômica brasileira pós-1988.[28]

Com efeito, quanto maior for o grau de incerteza gerado pela coexistência de diferentes princípios norteadores da ordem econômica – como é o caso de nossa realidade constitucional de caráter dirigente, em que se conjugam princípios como a livre

---

[27] Ibid., p. 150.
[28] Ibid., p. 158-159.

iniciativa ao lado da proteção ao meio ambiente e ao pleno emprego, por exemplo –, mais hábil estará o raciocínio econômico para resolver os conflitos sociais, oferecendo critérios menos subjetivos para a interpretação e aplicação da Constituição econômica por parte dos órgãos judicantes, além de contribuir para a própria realização dos direitos fundamentais.

Compreendendo e aplicando normas constitucionais econômicas: a virada institucional e o papel da ponderação

A economia tem, como vimos, um papel importante na interpretação constitucional, sendo certo que, em alguns casos, é imprescindível investigar "as razões econômicas" de determinada atuação estatal para justificar o intervencionismo em face da Constituição econômica, além de servir como norte para a tomada de decisões judiciais.[29] Visando efetivar essa tarefa, as três escolas anteriormente citadas buscam, cada uma a seu modo, oferecer suas contribuições.

Tal forma de compreensão da intervenção estatal no domínio econômico ganhou relevo com o que se convencionou chamar de "virada institucional", ideia segundo a qual são "insuficientes as técnicas de interpretação do direito que deixem de considerar os efeitos sistêmicos e a capacidade institucional do órgão responsável pela decisão".[30]

Assim, com a virada institucional, dá-se um novo sentido não apenas à interpretação constitucional, mas também à própria racionalidade das decisões judiciais, ao menos no que diz respeito ao objeto de nosso estudo – a intervenção estatal na economia. Não se trata, no entanto, de rechaçar as técnicas

---

29 Ibid., p. 171.
30 Ibid., p. 207.

tradicionais de interpretação constitucional nem tampouco a técnica da ponderação de interesses, pautada pela aplicação do princípio da proporcionalidade nas decisões judiciais e tão cara ao constitucionalismo moderno. Trata-se, sim, de compreender que, em certas ocasiões, tais aspectos meramente normativos não serão capazes de dar conta dos questionamentos trazidos pelos conflitos de ordem econômica, revelando-se importante levar em conta a capacidade da instituição responsável pela tomada de decisão que, via de regra, é o próprio Poder Judiciário. Nas palavras de André Rodrigues Cyrino:

> Com efeito, diante da circunstância de que a interpretação da Constituição, em razão de suas peculiaridades (*e.g.* uso de princípios e sua elevada carga valorativa), mereça o emprego de outros instrumentos e princípios interpretativos, tais como a ponderação de interesses e a razoabilidade, o debate sobre as dificuldades institucionais é uma provocação sobre a viabilidade da adoção de tais métodos. É claro que esses elementos de hermenêutica constitucional, assim como os métodos clássicos de interpretação (*e.g.* gramatical, sistemático, teleológico e histórico), continuam tendo um papel importante, significando um avanço no trato com os desafios trazidos pelo constitucionalismo. Todavia, há uma real necessidade de que se considerem aspectos ligados às capacidades institucionais. É importante refletir sobre a viabilidade prática de que os nossos juízes considerem tantas circunstâncias no árduo cotidiano judicial brasileiro.[31]

Em suma, dada a importância que a economia já possui na interpretação constitucional, frente à ineludível associação

---

[31] Ibid., p. 214.

entre economia e direito, revela-se demasiadamente importante o desenvolvimento de uma teoria apta a sistematizar o raciocínio econômico, adaptando-se as teorias econômicas existentes para interpretar a Constituição brasileira, como forma de "diminuição da subjetividade na interpretação" pelos tribunais, promovendo, desta forma, a plena efetividade dos princípios constitucionais bem como "o aperfeiçoamento do direito público no âmbito da Constituição econômica".[32] Nas palavras de Fernando Leal, citado por André Rodrigues Cyrino:

> [A] utilidade vislumbrada pela perspectiva jurídico-econômica na definição do que se pode exigir do aplicador com base no princípio do Estado de Direito está exatamente na consideração permanente dos limites empíricos nos processos decisórios. Se os juízes são agentes que tomam decisões – e espera-se que eles sejam racionais –, a análise econômica do direito pode, no mínimo, ajudar-nos a compreender mais adequadamente o raciocínio jurídico e nos dar mais suporte para lidar com os problemas. Em cursos meios, se a economia é a ciência da escolha racional, por que suas contribuições não devem ser aplicadas aos juízes? Muitas ações e posturas institucionais são explicadas nos limites da racionalidade econômica.[33]

Nada obstante, como dito, o papel da ponderação dos interesses em jogo continua a ser de suma importância para guiar a solução das controvérsias pelos tribunais pátrios, em que o princípio da proporcionalidade assume papel de extrema relevância na análise das relações entre meios e fins dos diversos atos realizados pelo poder público.

---

[32] Ibid., p. 173.
[33] Ibid., p. 173-174.

Há quem defenda ser o princípio da proporcionalidade diferente do princípio da razoabilidade.[34] Grande parte da doutrina, porém, na qual se insere Luís Roberto Barroso,[35] trata razoabilidade e proporcionalidade em fungibilidade, ressaltando apenas a origem histórica diversa de suas formulações.

O princípio da razoabilidade possui raízes históricas no direito norte-americano. Surge o mesmo em decorrência da cláusula do devido processo legal. Esta, em suas origens, era compreendida em uma concepção meramente formal, unicamente enquanto garantia subsidiária processual. Falava-se, naquele momento, em *procedural due process of law*. Evoluiu, todavia, tal cláusula, passando a constituir base de emanação de preceitos de cunho material, entre os quais o princípio da razoabilidade, a ser observado nas relações entre fins e meios dos diversos atos. Trata-se do *substantive due process of law*.[36]

O surgimento do princípio da proporcionalidade, por sua vez, deve-se à doutrina jurídica da Alemanha. Ao contrário do princípio da razoabilidade norte-americana, nasce o princípio da proporcionalidade como decorrência da ideia de Estado democrático de direito. Além disso, possivelmente em consequência do rigor científico daquele país, a doutrina alemã examinou o princípio de forma analítica, subdividindo-o em três subprincípios ou requisitos. Seriam eles a adequação, a necessidade e a proporcionalidade em sentido estrito.[37]

[34] Sobre este posicionamento, ver VIRGÍLIO, Luís. O proporcional e o razoável. *Revista dos Tribunais*, v. 798, p. 23-50, abr. 2002. Ver, também, ÁVILA, Humberto. *Teoria dos princípios*. 4. ed. São Paulo: Malheiros, 2004.
[35] BARROSO, Luís Roberto. *Interpretação e aplicação da Constituição*. 3. ed. São Paulo: Saraiva, 1999.
[36] Sobre a evolução da cláusula do devido processo legal, de sua concepção formal-processualista ao conteúdo material, ver TRIBE, Laurence. *American constitutional law*. Nova York: The Foundation Press, 1998.
[37] Escreve também sobre o tema SARMENTO, Daniel. *A ponderação de interesses na Constituição Federal*. Rio de Janeiro: Lumen Juris, 2002.

A adequação diz respeito à aptidão dos meios adotados pelo ato para o atingimento do fim buscado. Trata-se de relação de causalidade. Indaga-se, em outras palavras, se os meios utilizados terão como consequência os fins desejados.

A necessidade, por sua vez, refere-se à inexistência de outro ato igualmente apto para atingir os fins buscados, mas que acarrete menores restrições aos interesses tutelados. Devem-se escolher os meios que causem menor número de "efeitos colaterais".

Por fim, a proporcionalidade em sentido estrito exige que os fins tutelados pelo ato adotado tenham peso benéfico maior que as desvantagens trazidas pelas restrições colaterais acarretadas pelos meios empregados.

Como se percebe, os princípios da proporcionalidade e da razoabilidade desempenham relevante e extremamente útil função na análise entre meios e fins dos atos do poder público. Em nosso ordenamento não caberia espaço para as grandes discussões a respeito de qual seria a base normativa dos princípios, já que a Constituição pátria consagra tanto o Estado democrático de direito como a cláusula do devido processo legal em seus arts. 1º e 5º.

Não constituem exceção ao âmbito de incidência dos princípios em tela os atos estatais na seara da regulação das atividades econômicas. Neste sentido, Michael Kohl escreveu trabalho a respeito da utilização do princípio da proporcionalidade no controle dos atos regulatórios estatais da economia.[38]

Como se destacou até aqui, as medidas regulatórias do poder público se encontram em permanente tensão com o princípio da livre iniciativa. Consagra a Carta Magna a livre iniciativa como

---

[38] KOHL, Michael. *Constitutional limits to anticompetitive regulation*: the principle of proportionality. Disponível em: <www.iue.it/Personal/Researchers/kohl/KOHL.PDF>. Acesso em: 23 ago. 2010.

fundamento da ordem econômica (art. 170) e como princípio fundamental do Estado (art. 1º). Não se trata, conforme visto, de princípio absoluto, mas sim sujeito às restrições recíprocas na tutela também de outros interesses caros à Constituição. Neste sentido surge a regulação estatal, representando evidentemente certa restrição ao princípio da livre iniciativa.

Assim, uma forma de investigar a legitimidade de determinada medida de regulação estatal é submetê-la ao princípio da proporcionalidade em seus três testes. Primeiramente cabe indagar se a medida regulatória encontra-se apta a atingir os fins visados pela mesma. Exemplo bastante ilustrativo de violação ao subprincípio da adequação foi o da Portaria nº 43/Detran/Asjur/2004,[39] do Detran do estado de Santa Catarina.

A mencionada portaria, em seu art. 2º, estabelecia limitações mínimas e máximas de preços a serem cobrados pelas prestadoras da atividade econômica de autoescola. Alegava-se, em defesa da portaria, a ideia de que a fixação de preço mínimo a ser obedecido pelas prestadoras do serviço seria instrumento necessário e apto a garantir a manutenção de qualidade do mesmo. Em outras palavras, argumentava-se que, ao prestar a atividade mediante preços baixos, haveria redução necessária da qualidade como imperativo de diminuição de custos e manutenção da lucratividade. Enfim, a regulação pelo preço mínimo, em tese, garantiria a qualidade da prestação.

Ora, a medida adotada pela portaria mencionada não parece resistir nem mesmo ao primeiro teste da proporcionalidade, a saber, a adequação. O meio adotado pela regulação – fixação de preço mínimo a ser cobrado pelas autoescolas – não representa qualquer garantia de que a qualidade do serviço será incremen-

---

[39] Evidente que se poderia igualmente questionar a constitucionalidade formal da medida em face do princípio da legalidade. Interessa-nos, entretanto, neste ponto, a discussão material a respeito da proporcionalidade da medida regulatória.

tada. A rigor, pode o agente econômico não investir nenhuma parcela do aumento de preço garantido na melhor prestação do serviço, sendo movido pelo interesse único de aumentar seus lucros. Não há, portanto, adequação na intervenção regulatória mencionada.

Outro caso que bem se presta a demonstrar a utilidade da aplicação do princípio da proporcionalidade sobre os atos estatais regulatórios pode ser encontrado na Lei nº 10.991/1991 do município de São Paulo. O diploma legal referido estabelecia a exigência de observação, quando da instalação de novas farmácias, da fixação de distância mínima para outros estabelecimentos congêneres. O objetivo da medida adotada pela lei parecia ser a preservação das ideais possibilidades de desempenho da atividade econômica, entendendo possivelmente ser inviável sua realização com a diluição da clientela de mercado geográfico tão pequeno.

A adequação da medida para garantir a prestação da atividade, não sendo afetada pela diluição excessiva da clientela, já seria questionável. O afastamento geográfico do estabelecimento teria como consequência necessária a garantia de não partilha dos consumidores, permitindo a viabilidade da atividade? Possivelmente, ainda que um pouco afastado o estabelecimento, outra farmácia possa desviar clientes, tendo em vista fatores até mesmo como serviços de entrega em domicílio.

Caso, porém, seja considerada adequada a medida regulatória sob análise, deve-se questioná-la em face do subprincípio da necessidade. Ainda que seja a medida adequada a seus fins, não haveria meio menos restritivo de fazê-lo? Perceba-se que a medida verdadeiramente suprime a livre iniciativa de outros agentes de desempenhar a atividade de farmácia em certo espaço geográfico.

Por fim, se ainda resistir a medida ao teste da necessidade, deve ser a mesma proporcional em sentido estrito. O fim tutelado pelo meio regulatório acarreta benefícios que compensem os efeitos negativos trazidos na regulação? A suposta viabilidade da atividade, garantindo a livre iniciativa da antiga farmácia, compensa a restrição acarretada pela medida regulatória, sabendo-se que esta justamente suprime por completo a livre iniciativa de outro agente de se estabelecer no local?

O Supremo Tribunal Federal analisou algumas vezes a questão, ao se deparar com a Lei nº 10.991/1991 do município de São Paulo, bem como a Lei nº 6.545/1991 do município de Campinas.[40] No entanto, não utilizou o Supremo o princípio da proporcionalidade no controle entre meios e fins dos atos regulatórios, tendo na verdade decidido com base nos parâmetros econômicos que ditavam a questão sob análise. Manifestou-se o STF pela inconstitucionalidade dos diplomas legais mencionados, alegando violação, pelas medidas regulatórias adotadas, ao princípio da livre concorrência[41] consagrado no art. 170 da Constituição.

Com efeito, seja no primeiro ou no segundo caso ora enunciados, ainda que se possa usar como critério de solução dos litígios travados a ponderação de interesses, com base na aplicação do princípio da proporcionalidade em seus três testes, o que é válido e legítimo, fato é que as decisões judiciais ali proferidas tiveram como pano de fundo a análise dos elementos econômicos em jogo, mais do que os critérios normativos em questão. Assim, no caso da portaria do Detran, foi crucial para a solução da questão analisar se a regulação pretendida ensejaria, de fato, a eficiência buscada pelo mercado, qual seja,

---

[40] Ver os seguintes julgados: BRASIL. Supremo Tribunal Federal. RE nº 199.517. *DJU*, 13 nov. 1998. RTJ, 167/687; BRASIL. Supremo Tribunal Federal. RE nº 193.749. *DJU*, 4 maio 2001; BRASIL. Supremo Tribunal Federal. RE nº 213.4882. *DJU*, 11 dez. 1998; BRASIL. Supremo Tribunal Federal. RE nº 198.107. *DJU*, 6 ago. 1999.
[41] A rigor, ao contrário da fundamentação utilizada pelo Supremo, melhor seria falar, no caso, em violação à livre iniciativa, não exatamente à livre concorrência.

a prestação de melhores serviços. No caso, verificou-se que não, pois a cobrança de preços mínimos pelas autoescolas, objeto da regulação, não garantiria por si só a prestação de serviços melhores pelas mesmas, o que não legitimaria, portanto, a referida medida regulatória.

Já no segundo caso estudado, limitação geográfica para a instalação de estabelecimentos farmacêuticos, o STF, nas reiteradas decisões sobre o tema, já pacífico na corte, se valeu do raciocínio econômico, isto é, de uma análise econômica do direito para fundamentar a violação à livre iniciativa e justificar, assim, a inconstitucionalidade da lei. Assim é que no RE n⁰ 193.749-SP, por exemplo, o STF entendeu que o limite mínimo entre as farmácias acabava desprotegendo o consumidor, representando, na verdade, instrumento de concentração econômica ao garantir que as farmácias já bem localizadas permanecessem com as melhores fatias do mercado.[42]

Por fim, o terceiro exemplo de como a análise econômica do direito pode oferecer subsídios importantes para a solução do caso concreto diz respeito à revogação (não recepção) do art. 3⁰, VII,[43] da Lei n⁰ 8.009/1990, com alteração dada pela Lei n⁰ 8.245/1991, que autoriza a penhora do bem único do fiador em contratos de locação para a satisfação do crédito do locador, após a inclusão do direito à moradia no rol de direitos sociais do art. 6⁰ da CRFB/1988, pela EC n⁰ 26/2001. Tal questão foi enfrentada pelo STF no julgamento do RE n⁰ 407.688-SP,[44] em que se

---

[42] CYRINO, André Rodrigues. *Direito constitucional regulatório*, 2010, op. cit., p. 245.
[43] "Art. 3⁰. A impenhorabilidade é oponível em qualquer processo de execução civil, fiscal, previdenciária, trabalhista ou de outra natureza, salvo se movido: [...] VII. por obrigação decorrente de fiança concedida em contrato de locação."
[44] EMENTA: FIADOR. Locação. Ação de despejo. Sentença de procedência. Execução. Responsabilidade solidária pelos débitos do afiançado. Penhora de seu imóvel residencial. Bem de família. Admissibilidade. Inexistência de afronta ao direito de moradia, previsto no art. 6⁰ da CF. Constitucionalidade do art. 3⁰, inc. VII, da Lei n⁰ 8.009/1990, com a redação da Lei n⁰ 8.245/1991. Recurso extraordinário desprovido. Votos vencidos.

declarou a constitucionalidade da referida norma legal.[45] Para tanto, valeu-se o STF não de critérios normativos de ponderação dos interesses em conflito, mas sim de elementos econômicos de interpretação, justificando-se, a partir da própria lógica dos mercados, a intervenção estatal no caso concreto.

Assim é que, ao entender pela constitucionalidade do dispositivo legal, o STF levou em consideração os prognósticos sobre o mercado de habitações, afirmando que, na verdade,

> a previsão legal promove o direito à moradia dos locatários, na medida em que o estabelecimento de garantias efetivas àqueles que são proprietários cria um ambiente de incentivos necessários à oferta de imóveis para locação.[46]

Tal posicionamento é justificável se levado em consideração que a grande maioria dos brasileiros vive em imóveis alugados, necessitando, portanto, de contratos de locação para fazer valer seu direito à moradia, e que a fiança, à época da decisão do STF, era o instrumento de garantia de cerca de 89% dos contratos de locação celebrados no Brasil. Assim, se a previsão legal fosse declarada inconstitucional, ou caso a lei não previsse a garantia ao proprietário de penhora do bem único do fiador, estar-se-ia inviabilizando o direito à moradia de um grande contingente de pessoas – que, segundo esse entendimento, era a *ratio* do legislador – "seja porque menos imóveis seriam oferecidos no mercado de locações, seja porque o preço dos aluguéis seria afe-

---

A penhorabilidade do bem de família do fiador do contrato de locação, objeto do art. 3º, inc. VII, da Lei nº 8.009, de 23 de março de 1990, com a redação da Lei nº 8.245, de 15 de outubro de 1991, não ofende o art. 6º da Constituição da República. BRASIL. Supremo Tribunal Federal. RE nº 407.688. Relator: ministro Cezar Peluso. Pleno. Julgado em 8 fev. 2006. *DJ*, 6 out. 2006.
[45] CYRINO, André Rodrigues. *Direito constitucional regulatório*, 2010, op. cit., p. 1.
[46] Ibid., p. 2.

tado diante do incremento do risco do inadimplemento (maior o risco, maior o aluguel)".[47]

Do exposto, pode-se dizer que, neste caso, segundo André Rodrigues Cyrino,

a justificativa normativa (fundada genericamente no poder geral de regulação do Estado, art. 174, CRFB) era insuficiente. A análise econômica permitiu que a história fosse contada de uma forma mais sistemática, considerando-se os elementos de mercado. Os fatos relevantes estavam muito além dos elementos do caso concreto.[48]

Pode-se concluir, portanto, que, em todos os casos ora analisados, o raciocínio econômico ofereceu balizas importantes para a solução da controvérsia instaurada, de forma que um ou outro meio apto e menos gravoso para que se atingisse determinado fim só poderia advir de uma análise econômica, isto é, "de uma perspectiva que levasse em consideração aspectos fáticos de mercado", evidenciando, assim, que para a análise da proporcionalidade de medidas restritivas da livre iniciativa, como um todo, elementos de outros campos do conhecimento ingressaram no discurso jurídico.[49] Este, em suma, é um movimento atual da hermenêutica constitucional do qual não se pode mais afastar.

Questões de automonitoramento

1. Após ler este capítulo, você é capaz de resumir os casos geradores do capítulo 7, identificando as partes envolvidas, os problemas atinentes e as soluções cabíveis?

---

[47] Ibid., p. 2.
[48] Ibid., p. 172.
[49] Ibid., p. 247.

2. Relacione a função reguladora do poder público às transformações e evoluções sofridas pela estrutura estatal, bem como à ideia de política econômica neoclássica.

3. O que se entende por Constituição econômica? Quais as escolas de pensamento que procuram justificar a regulação econômica?

4. Qual a contribuição da análise econômica do direito para a solução de impasses da regulação? Em que medida ela contribui para as decisões judiciais e para a interpretação dos princípios em conflito?

5. Explique cada um dos subprincípios do princípio da proporcionalidade.

6. Pense e descreva, mentalmente, alternativas para a solução dos casos geradores do capítulo 7.

2

Princípios da ordem econômica: ponderação e meios de harmonização

Roteiro de estudo

Agentes da ordem econômica no Brasil: Estado e iniciativa privada

A expressão "ordem econômica", segundo o professor Eros Roberto Grau, é capaz de ensejar dois entendimentos distintos.[50] Pode significar determinado conjunto setorial de normas: princípios e regras que compõem o ordenamento jurídico na seara das relações econômicas – mundo do dever ser. E pode ser entendida enquanto fatores econômicos, as próprias relações do domínio econômico – mundo dos fatos –, sobre o qual incide justamente o ordenamento econômico.

As relações econômicas, componentes da ordem econômica fática, são estabelecidas entre os denominados "agentes da ordem

---

[50] GRAU, Eros Roberto. *A ordem econômica na Constituição de 1988*. 6. ed. São Paulo: Malheiros, 2001. p. 42-52.

economica". Pode ocorrer de determinado ordenamento jurídico, mediante suas disposições referentes à seara econômica, impor sobre a ordem econômica fática a unicidade de espécie de agente econômico. Neste sentido, cabe ao ordenamento estabelecer que a atividade econômica está sujeita à exploração unicamente pela iniciativa privada, vedada qualquer interferência estatal.

Por outro lado, sobre premissas inteiramente diversas, pode outro ordenamento jurídico vedar justamente a participação privada no domínio econômico, impondo a apropriação plena dos bens de produção e circulação de riquezas pelo poder público.

Não obstante, nenhum dos dois extremos costuma ser a regra, nem assim se estrutura o Estado brasileiro segundo a ordem econômica prevista em sua Constituição de 1988. Consagra a Carta Magna a dualidade das espécies de agentes a atuar na ordem econômica pátria.

Agem simultaneamente, embora com diferentes papéis e prerrogativas, os diversos particulares, sob a bandeira da iniciativa privada, e o próprio poder público. O ordenamento jurídico econômico, ao reger as relações econômicas, estabelece diversos princípios a serem observados para o correto funcionamento da dinâmica econômica, bem como diversos fins a serem por ela atingidos.

Poder público e livre iniciativa, no entanto, estarão vinculados de forma distinta a tais princípios, acarretando este fato significativas diferenças em sua atuação. A livre iniciativa atua sobre a seara econômica por opção. Não se encontram os particulares obrigados a desempenhar determinada atividade econômica, muito menos a realizar alguma finalidade social. Isto decorre do princípio constitucional da legalidade, segundo o qual ninguém será obrigado a fazer ou deixar de fazer algo, salvo em virtude de lei, garantia principiológica direta da liberdade. Voluntariamente, atua a livre iniciativa na produção e circulação de riquezas atraída pela lucratividade da atividade.

Simultaneamente atuando no setor, o poder público se submeterá a lógica inteiramente diversa. Não desempenha o Estado voluntária e aleatoriamente qualquer atividade. Pelo contrário, somente pode agir o Estado na busca do interesse público e de suas finalidades previstas no ordenamento. Mais que isso, encontra-se o poder público obrigado a atuar, se isso for necessário, ao atingimento de suas finalidades.

Entende-se que a atuação estatal no domínio econômico consistirá não apenas em buscar diretamente suas finalidades, mas justamente em impor determinadas restrições à livre iniciativa dos particulares diante de outros interesses de maior peso no caso. Neste sentido, a participação do Estado no domínio econômico possui consequências bem relevantes, devendo ser regulada em conformidade com as premissas estabelecidas pelo ordenamento econômico de cada Estado.

Modalidades de atuação do Estado na ordem econômica. Notas sobre a distribuição de competências entre os entes federativos na matéria

De acordo com o abordado no item anterior, o poder público não atua sobre o domínio econômico de maneira uniforme em tempo e espaço. O grau de atuação estatal sobre a ordem econômica fática é determinado segundo o ordenamento constitucional econômico, conforme o modelo estatal estruturado em determinada sociedade. Dessa forma, apresentam-se institutos jurídicos e mecanismos os mais diversos de atuação do poder público, possibilitando o atendimento de finalidades e intensidades distintas.

Segundo o professor Eros Roberto Grau, pode haver atuação estatal sobre a economia mediante: (a) atuação pela prestação de serviços públicos; (b) intervenção por absorção ou participação; (c) intervenção por direção; e (d) intervenção por indução.[51] Luís Roberto Barroso,[52] por sua vez, destaca a existência de três "mecanismos de intervenção estatal no domínio econômico": (a) atuação direta, que se subdividiria em (a.1) intervenção por serviço público e (a.2) intervenção por atividade econômica; (b) fomento; e (c) disciplina.

Ainda a respeito do tema, Celso Antônio Bandeira de Mello[53] aponta como modalidades de "interferência do Estado na ordem econômica": (a) o poder de polícia;[54] (b) os incentivos; e (c) a atuação empresarial.

Percebe-se na doutrina, conforme se depreende das lições dos professores mencionados, poder-se, a despeito de algumas divergências, agrupar as modalidades de atuação estatal no domínio econômico basicamente em três grandes categorias, a saber: atuação por indução ou fomento; atuação por direção ou disciplina; e atuação no domínio econômico de forma direta.

Mediante a atuação por *indução ou fomento*, não se obriga, em sentido estrito, o agente econômico privado a nenhuma conduta. Fornece o poder público, todavia, estímulos e incentivos ao mesmo, caso realize a conduta desejada pelo Estado. Seriam as hipóteses, por exemplo, de empréstimos subsidiados, isenções tributárias ou utilização da extrafiscalidade de alíquo-

---

[51] Ibid., p. 123-124.

[52] BARROSO, Luís Roberto. A ordem econômica constitucional e os limites à atuação estatal no controle de preços. In: _____ (Org.). *Temas de direito constitucional*. Rio de Janeiro: Renovar, 2003a. t. II, p. 47-83.

[53] MELLO, Celso Antônio Bandeira de. *Curso de direito administrativo*. 17. ed. São Paulo: Malheiros, 2004. p. 641.

[54] O professor Diogo de Figueiredo Moreira Neto ressalta, todavia, que as limitações realizadas no ordenamento econômico não se restringem ao poder de polícia. Este último, com espaço discricionário e de função essencial na busca do interesse público, não abarcaria a totalidade das limitações realizadas no ordenamento econômico, vinculadas e de benefícios complementares à coletividade (MOREIRA NETO, Diogo de Figueiredo. *Curso de direito administrativo*. 14. ed. Rio de Janeiro: Forense, 2005a. p. 453).

tas, visando estimular investimentos em determinado setor. No entendimento de Luís Roberto Barroso, conforme será detalhado adiante, o fomento seria a espécie mais apta de atuação estatal sobre o domínio econômico a possibilitar a realização dos designados "princípios-fins" da ordem econômica pelos particulares, tendo-se em vista a impossibilidade de imposição dos mesmos à iniciativa privada.[55]

Ao atuar por meio de *direção* ou *disciplina*, o poder público conforma de maneira cogente o desempenho de determinada atividade pelos particulares. Neste sentido, cria normas conforme as quais tal atividade deve ser realizada, fiscaliza seu cumprimento, bem como aplica sanções por seu eventual descumprimento. A intervenção disciplinadora do Estado deve, na opinião de Luís Roberto Barroso,[56] se submeter a dois limites, consistentes no princípio da livre iniciativa (que alberga o princípio da livre concorrência) e no da razoabilidade. Por outro lado, possui tal atuação lastro na valorização do trabalho, na manutenção dos "princípios de funcionamento" da ordem econômica, bem como na reorganização do próprio princípio da livre iniciativa.

Por fim, pode o poder público *atuar no domínio econômico de forma direta* ao prestar/assegurar a prestação da atividade em questão. Esta espécie de atuação estatal se subdivide em atuação por serviço público e intervenção por prestação de atividade econômica em sentido estrito.[57]

---

[55] BARROSO, Luís Roberto. "A ordem econômica constitucional e os limites à atuação estatal no controle de preços", 2003a, op. cit., p. 47-83.

[56] Ibid., p. 47-83.

[57] Segundo classificação do professor Eros Roberto Grau que se tornou famosa, o gênero atividade econômica em sentido amplo compreenderia as espécies serviço público e atividade econômica em sentido estrito. Ver GRAU, Eros Roberto. *A ordem econômica na Constituição de 1988*, 2001, op. cit., p. 123-124. Inúmeros critérios foram formulados ao longo da História no intuito de apartar as duas espécies mediante a identificação do conteúdo de "serviço público". Tal interesse pela matéria remonta à escola de "serviço público", também denominada "escola de Bordeaux", por intermédio de Duguit e Jèze. O primeiro estabelece "critério material" ao identificar serviço público como as presta-

As diversas modalidades de atuação do Estado sobre a ordem econômica não constituem opção meramente aleatória. Ao inverso, explicitam graus distintos de atuação pública na ordem econômica, tutelados pelo ordenamento jurídico. Tendo-se em vista, por exemplo, a norma contida no art. 170, *caput*, da CRFB de que a "livre iniciativa" constitui fundamento da ordem econômica de nosso Estado (a rigor, pelo art. 1º da CRFB, constitui mesmo princípio fundamental do Estado), não deve, via de regra, o poder público intervir no domínio econômico. A intervenção, nada obstante, poderá ocorrer em conformidade com a intensidade tutelada pelo ordenamento econômico diante dos interesses em jogo. A intervenção por direção ou disciplina prevista no art. 173, §4º, da CRFB, por exemplo, é permitida quando se trata da necessidade de repressão ao abuso de poder econômico.

De forma ainda mais rígida, segundo o art. 173, *caput*, da Carta Magna, somente poderá ocorrer atuação estatal mediante intervenção por prestação de atividade econômica em sentido estrito quando presente imperativo de segurança nacional ou relevante interesse coletivo. Isso se explica justamente por constituir tal atividade estatal a modalidade de atuação do poder público sobre a ordem econômica dotada da mais alta intensidade de intervencionismo.

No caso do Estado brasileiro, além da preocupação com a tutela pelo ordenamento da atuação estatal sobre o domínio econômico, bem como com o grau de intensidade pelo mesmo permitido, outra indagação sobressai: aquela referente à distribuição de competências na matéria. A questão possui extrema

---

ções necessárias à manutenção da "coesão social". Jèze, por sua vez, defendia "critério formal" ao classificar como serviço público as prestações submetidas a determinado regime público. Por todos, ver ARAGÃO, Alexandre Santos de. *A dimensão e o papel dos serviços públicos no Estado contemporâneo*. Tese (Doutorado) – Faculdade de Direito da Universidade de São Paulo (USP), São Paulo, 2005. Mimeo.

SÉRIE DIREITO DO ESTADO E DA REGULAÇÃO

relevância no Brasil, tendo em vista a forma de Estado adotada pela Constituição, a saber, a federação. Elemento essencial e necessariamente presente nos Estados Federais diz respeito à autonomia dos entes federativos,[58] caracterizada por deterem tais entes, entre outras, autonomia administrativa e legislativa, possuindo âmbito próprio e delimitado de competência.

Apresenta-se a distribuição de competências entre os entes federativos como delimitação do exercício do poder estatal da República Federativa do Brasil entre os entes autônomos que a constituem, mediante definição do âmbito de atuação de cada um dos mesmos. Trata-se do estabelecimento do poder estatal com pluralidade de focos de manifestação distribuídos espacialmente pelo território.

Tocando, pois, a essência da estruturação do poder, consistem as normas de distribuição de competências em normas materialmente constitucionais, corporificando-se o pacto federativo na própria Carta Magna.

Neste sentido, possuem União, estados e municípios competências legislativas previstas respectivamente nos arts. 22; 25, §1º; e 30, I e II, da CRFB. A competência legislativa da União encontra-se prevista de forma expressa nos incisos do art. 22. Aos estados cabe legislar sobre todas as matérias não destinadas pela própria Constituição a outro ente (tal "competência residual", todavia, não lhes confere grande âmbito de atuação, havendo a Carta disposto, no art. 22, a grande maioria das matérias). Por último, compete aos municípios legislar sobre assuntos de interesse local, bem como suplementar as legislações estadual e federal.

De igual modo, estabelece o art. 24 da CRFB as matérias submetidas à competência legislativa concorrente da União, dos

---

[58] Ver BONAVIDES, Paulo. *Ciência política*. 7. ed. São Paulo: Malheiros, 1999.

estados e do Distrito Federal. Nesse caso, segundo os §§1º a 4º, cabe à União estabelecer normas gerais a serem suplementadas pelos estados. Estes últimos, somente na inexistência de normas daquela, poderão exercer a competência plena, com a ressalva de suspender-se a eficácia das normas criadas pelo advento da norma geral da União em sentido contrário.

Tais competências legislativas estabelecidas pela Constituição possuem fundamental relevância no tema em estudo, principalmente na aferição de constitucionalidade de ato normativo criado por atuação estatal sobre o domínio econômico pelas espécies da disciplina ou do fomento. Isso porque tais modalidades de atuação estatal são as que mais frequentemente podem ser realizadas por ato normativo. A intervenção por disciplina, conforme afirmado, compreende (além das funções de fiscalização e sanção) o estabelecimento de normas a regular o desempenho de determinada atividade econômica pelos agentes.

O fomento, por sua vez, inúmeras vezes se instrumentaliza pela concessão de determinados benefícios (geralmente tributários, mediante isenções ou utilização da função extrafiscal de alíquotas) igualmente mediante ato normativo.

Contudo, versando o ato normativo de determinado ente sobre matéria legislativa conferida pelos dispositivos constitucionais analisados a outro ente, há no caso vício de inconstitucionalidade formal por violação ao procedimento legislativo.

As demais espécies de atuação estatal sobre o domínio econômico (a atuação direta por prestação tanto de serviços públicos quanto de atividade econômica em sentido estrito, fomento por concessão de benefícios de forma não legislativa, e disciplina mediante fiscalização e sanção), embora não configurem atividade legislativa, se submetem igualmente à distribuição de competências entre os entes federativos como consequência evidente da federação.

As competências materiais, por seu turno, possuem lastro nos arts. 21; 25, §§1º e 2º; e 30, V a IX, da CRFB, que estabelecem âmbito de atuação da União, dos estados e dos municípios. Já o art. 23 prevê as competências materiais comuns a União, estados, Distrito Federal e municípios.

Princípios constitucionais da ordem econômica

Recapitulando a distinção entre princípios e regras

Classificação que vem merecendo destaque acentuado na doutrina ultimamente consiste na distinção realizada entre princípios e regras. É certo que, longe de mero acaso, a frequência com a qual o tema tem sido tratado se deve, sobretudo, à crise dos paradigmas positivistas por todo o mundo.

Segundo uma das concepções da escola positivista, ocorria uma exaltação exacerbada da lei.[59] Havia a ilusão de que as normas devessem esgotar totalmente as matérias a serem reguladas, possuindo necessariamente enorme grau de concretude, sob pena de perda de sua força normativa. Ao juiz competia tão somente realizar a interpretação gramatical, retendo-se à letra fria e esmiuçada da lei.

Novos tempos vieram:[60] o dogma da completude da lei desabou por terra, a proximidade entre normas e valores passou a ser louvada e os princípios, cuja normatividade não era nem

---

[59] A rigor, a identificação entre direito e lei corresponde tão somente a uma das espécies do fenômeno designado positivismo jurídico (positivismo normativista/legalista). A marca primordial dessa filosofia jurídica consistiria na inexistência de uma conexão entre o direito e uma ordem superior de valores morais, paradigma para a ordem positivada.

[60] Os paradigmas positivistas foram verdadeiramente bombardeados em diversas frentes, desde a absurda impossibilidade de o legislador prever antecipadamente todos os fatos sociais até o patente desnível provocado por leis abstratas que ignoravam as desigualdades fático-materiais e revelavam clara homenagem à ideologia da classe dominante.

mesmo reconhecida, passaram a desempenhar papel primordial na interpretação e integração do sistema. Trata-se do advento do pós-positivismo.

Assim, torna-se verdadeiro o entendimento de que, nos dias de hoje, uma parcela esmagadoramente majoritária da doutrina[61] consente em afirmar ser constituído o gênero "norma" pelas espécies "regra" e "princípio". Dessa forma, ambas as espécies citadas seriam dotadas de normatividade,[62] aptidão para normatizar, reger os fatos sociais, atuando sobre o "ser" mediante prescrições de "dever ser".[63] Todavia, embora regras e princípios possam ser agrupados como preceitos normativos, as duas espécies mantêm estruturas significativamente diferentes, cuja consequência direta implica funções diversas a que se prestam no ordenamento jurídico.

Inúmeros são os critérios de distinção já formulados pela doutrina nacional e estrangeira no intuito de apartar princípios e regras. Inicialmente, em separação didática, convencionou-se agrupar tais critérios em "critérios de grau" e em "critérios qualitativos". Na lição de Jane Reis G. Pereira,[64] o que diferencia a distinção de grau da distinção qualitativa é "a concepção de que os princípios não guardam diferença de ordem lógica ou substancial em relação às regras, sendo apenas as normas funda-

---

[61] Por todos, ver GRAU, Eros Roberto. *A ordem econômica na constituição de 1988*, 2001, op. cit., cap. 3. Os créditos de originalidade da afirmação, todavia, são de Robert Alexy.

[62] Cf. BARROSO, Luís Roberto. *Interpretação e aplicação da Constituição*. 3. ed. São Paulo: Saraiva, 1999. p. 147: "É importante assinalar, logo de início, que já se encontra superada a distinção que antes se fazia entre normas e princípios".

[63] A ideia de normatividade jurídica, trabalhando com um campo do "dever ser" destinado a influir na realidade do "ser", foi precisamente desenvolvida pelos positivistas, que, todavia, não conferiam tal potencialidade aos princípios, mas tão somente às regras.

[64] PEREIRA, Jane Reis G.; SILVA, Fernanda D. L. L. da. A estrutura normativa das normas constitucionais: notas sobre a distinção entre princípios e regras. In: PEIXINHO, Manoel Messias (Org.). *Os princípios da Constituição de 1988*. Rio de Janeiro: Lumen Juris, 2001. p. 12.

mentais do sistema, cuja marca é o maior grau de generalidade e abstração".

Entre os fatores discriminatórios caracterizados como critérios de grau, aponta J. J. Gomes Canotilho[65] os seguintes: (a) grau de abstração; (b) grau de determinabilidade na aplicação do caso concreto; (c) caráter de fundamentabilidade no sistema das fontes do direito; (d) proximidade da ideia de direito; (e) natureza normogenética.

Enfim, pelos critérios de grau, ressalta-se em essência uma distinção no grau de abstração de regras e princípios, afirmando-se que aquelas são, em geral, dotadas de maior especificidade, detalhamento e concretude que estes últimos.

Como o próprio termo literal já antecipa, princípios (remete a origem, início) são normogenéticos, encontrando-se na base de criação das próprias regras. Estas últimas, por sua vez, se referem mais concretamente já ao fato social regulado, distanciando-se do momento de criação e fundamentação das normas.

Nesse sentido, é possível diferenciar igualmente princípios e regras por se encontrarem aqueles mais próximos dos valores[66] (exatamente por esta razão sua função essencial no discurso de justificação), ao passo que as regras, em geral, se situam ligadas a uma cadeia normativa que apenas indiretamente remonta ao valor que busca concretizar.

Segundo o critério de grau, portanto, disposições extremamente abstratas e de conteúdo elástico a ser definido, tais como "livre iniciativa" e "função social da propriedade", seriam classificadas como princípios.

[65] CANOTILHO, J. J. Gomes. *Direito constitucional e teoria da Constituição*. 3. ed. Coimbra: Almedina, 1998. p. 1086.
[66] Princípios e valores, porém, não se confundem. Aqueles, sendo normas, contêm preceitos deontológicos, enquanto estes se encontram em um plano axiológico.

De forma oposta, podem-se estabelecer como regras os preceitos dotados de maior grau de concretude, tal qual o dever de um agente econômico de não realizar determinado ato de concentração tipificado na Lei nº 8.884/1994 como abuso de poder econômico. No critério qualitativo, seriam inconfundíveis os princípios e regras no que tange às suas formas de incidência. Enquanto as regras se adequariam ainda à velha dogmática jurídico-formalista, submetendo-se ao procedimento de subsunção, bem como aos critérios clássicos de resolução de antinomias, reger-se-ia a aplicação dos princípios por uma interpretação mais construtivista e maleável.

Ademais, aplicar-se-ia a regra jurídica, pelo mecanismo de subsunção, necessariamente toda vez que ocorresse na realidade o fato previsto em abstrato na norma. Basear-se-ia tal mecanismo na existência de uma premissa maior, tipificada na lei, e de uma premissa menor, correspondente ao acontecimento do fato social inserido na definição previamente tipificada. Dessa forma, pode-se dizer que não haveria meio-termo em sua aplicação: ou incidiria ou não incidiria a regra, não cabendo caminho intermediário. Constata-se este significado nas palavras de Ronald Dworkin ao afirmar incidirem as regras sob a lógica *all or nothing*.[67]

Os princípios jurídicos, diversamente, admitiriam aplicação moderada, não estando adstritos ao modelo "tudo ou nada". Constituiriam os mesmos, segundo a formulação de Roberto Alexy, mandados de otimização,[68] devendo incidir na maior medida possível conforme o caso concreto.

[67] DWORKIN, Ronald. *Los derechos en serio*. Trad. Marta Guastavino. Barcelona: Ariel, 1997. p. 72.
[68] ALEXY, Robert. *Teoría de los derechos fundamentales*. Trad. Ernesto Garzón. Madri: Centro de Estudios Constitucionales, 1993. p. 87.

Ainda referindo-nos às diferenças trazidas à tona pelo critério qualitativo, mister se faz ressaltar a questão da possibilidade de existência de antinomias. Estando-se diante de um conflito entre duas regras, uma, *a priori*, deveria, pelo critério mencionado, ser expurgada do ordenamento jurídico, não sendo possível que ambas coexistam validamente sob pena de rompimento da unidade sistemática. Na resolução de tal conflito, deveriam ser adotados os critérios clássicos de resolução de antinomias.[69]

Os princípios, em sentido contrário, não se posicionariam em antinomia, mas sim em "tensão", não fazendo uso de tais critérios de resolução de conflitos. Harmonizar-se-iam, por sua vez, através de um procedimento de ponderação,[70] visando à otimização máxima de ambos os preceitos em tensão.

Apresentadas as grandes diferenciações entre princípios e regras, importa aqui ressaltar, em nosso entendimento, a íntima relação mantida entre os critérios mencionados. Expõe-se límpida a lógica de que, precisamente devido ao alto grau de abstração dos princípios, admitem os mesmos otimização, não entrando em antinomia. Já as regras, previstas em textos bem mais concretos, justamente devido à alta concretude de seus preceitos, não se abrem a interpretações mais maleáveis,[71] entrando, ainda, em antinomias.

---

[69] São eles: o critério temporal (regra posterior revoga anterior); o hierárquico (regra superior derroga regra inferior); e o de especialidade (regra especial se sobrepõe à geral). Cf. BOBBIO, Norberto. *Teoria do ordenamento jurídico*. 10. ed. Trad. Maria Celeste Cordeiro Leite dos Santos. Brasília: UnB, 1999.
[70] SARMENTO, Daniel. *A ponderação de interesses na Constituição Federal*. Rio de Janeiro: Lumen Juris, 2002.
[71] LARENZ, Karl. *Metodologia da ciência do direito*. 3. ed. Trad. José Lamego. Lisboa: Caloustre Gulbenkian, 1997. A interpretação gramatical atua como limite de possibilidades da interpretação. Possuindo as regras conteúdo mais específico, mais limitadas se encontram em suas possibilidades de interpretação, visto que há um limite semântico máximo que se pode fornecer às palavras contidas na "lei-regra".

Analisando a utilidade dos dois modelos de critério, Fábio Corrêa Souza de Oliveira[72] sustenta, em estudo sobre o tema:

> Ambos contribuem para elucidar a dita classificação normativa. Contudo, releva assinalar que o critério determinante é o qualitativo, porquanto existem regras que são genéricas, que são abstratas, que são fundamentais, que são próximas da ideia de Direito e que são fundamento para outras regras (natureza normogenética no âmbito das regras).

O grande destaque atribuído ao critério qualitativo na distinção entre princípios e regras decorre do anseio doutrinário de obter um critério mais objetivo, por isso dito critério forte. De fato, qualquer critério de grau enseja subjetivismo (em que medida uma norma deve estar próxima da ideia de direito para poder ser considerada um princípio?). Sem dúvida, essa foi a motivação da criação dos critérios qualitativos: definir com maior segurança que X é princípio e Y é regra.

Entretanto, ocorre que no direito, ciência social fundada por excelência em interpretação, dificilmente se pode formular um critério plenamente objetivo imune a críticas. Neste ponto, é impossível não trazer a lume as considerações feitas pelo professor Humberto Ávila[73] sobre o tema.

Preliminarmente, ressalta o autor que o meio jurídico vive atualmente "a euforia do que se convencionou chamar de *Estado Principiológico*".[74] Tal euforia tem como lamentável consequência o apequenamento da função das regras[75] no ordenamento, em face de uma exagerada exacerbação dos

[72] OLIVEIRA, Fábio Corrêa Souza de. *Por uma teoria dos princípios*. Rio de Janeiro: Lumen Juris, 2003. p. 45.
[73] ÁVILA, Humberto. *Teoria dos princípios*. 4. ed. São Paulo: Malheiros, 2004.
[74] Ibid., p. 15.
[75] Ibid., p. 16.

principios. Paralela e igualmente lastimável, a doutrina estaria simplesmente repetindo acriticamente os critérios já enunciados de distinção entre princípios e regras, tomados como fatores de discriminação pacíficos.

Nesse sentido, Humberto Ávila levanta críticas densas ao critério qualitativo de distinção entre princípios e regras estudados, afirmando ser relativa a assertiva de que regras não se sujeitam à ponderação e de que devem ser aplicadas segundo a lógica *all or nothing*. Da mesma forma, encontrando-se duas regras em conflito, não necessariamente deve-se solver a questão mediante a expurgação de uma delas do ordenamento. Finalmente, termina o autor por se aproximar de uma distinção de grau entre as espécies normativas, não sendo as mesmas dotadas de estruturas ontológico-aplicativas rigidamente diferentes, mas sim possuindo funções diversas no ordenamento em face do grau de abstração fornecido pelo dispositivo do qual a norma é extraída pelo intérprete.[76]

Como consequência, não há, em sentido estrito, regras e princípios previstos nos dispositivos, mas sim dispositivos

---

[76] Humberto Ávila parte da correta premissa de que norma e texto normativo não se confundem. Enquanto os dispositivos são os objetos de interpretação, a norma seria o próprio resultado desta última. No diferenciar norma e texto de norma, Ávila partilha concepções próximas à metodologia de Gadamer e Friedrich Muller. Ver MULLER, Friedrich. *Discours de la méthode juridique.* Trad. Olivier Jouanjan. Paris: PUF, 1996. Ver, também, GADAMER, Hans Georg. *Verdade e método.* Trad. Flávio Meurer. Petrópolis: Vozes, 2004. v. 1. Como prova, o professor gaúcho chama a atenção para a "interpretação conforme a Constituição", princípio de interpretação através do qual o STF realiza controle de constitucionalidade e que demonstra claramente a possibilidade de um mesmo dispositivo legal comportar a existência de duas (ou mais) normas diversas. A escolha de qual das diversas será a norma consagrada depende da interpretação realizada a partir do texto. Surgindo a norma mediante o próprio processo de interpretação, portanto, a qualificação das normas em regras e princípios, segundo Ávila, dependerá da contribuição do intérprete na construção da mesma. Um mesmo dispositivo pode possibilitar a extração, de seu texto, de uma regra bem como de um princípio. Assim, o professor qualifica como "heurística" a dissociação entre regras e princípios. Tal se explica porque, antes da aplicação, o intérprete possui indícios pelos vocábulos do dispositivo se este é tendente à formulação de uma regra ou de um princípio. Ao interpretar, porém, de acordo com a formulação dada pelo intérprete ao dispositivo, poderemos estar diante tanto de um princípio quanto de uma regra.

tendentes, devido ao grau de abstração de seus vocábulos, a fornecer princípios ou regras após a interpretação.

Cabe sim entender que a utilização das diferentes estruturas linguísticas dos dispositivos se presta a funções correlatas distintas no ordenamento.[77] Criado um dispositivo de estrutura altamente denso e concreto, inclinado a ser interpretado como regra, encontra-se certamente menor a possibilidade de discricionariedade dos poderes estatais na definição dos meios exigidos a serem adotados para o atingimento do fim da norma. Em face de um dispositivo de linguagem abstrata, porém, tendente à interpretação principiológica, encontrar-se-ão os poderes estatais dotados de maior discricionariedade na escolha dos meios aptos a atingir o fim da norma interpretada.

Da mesma forma, ao desconsiderar a aplicação de uma regra em um caso concreto, o intérprete necessitará de um esforço argumentativo de fundamentação certamente maior que aquele exigido ao não aplicar determinado princípio no caso. Tal distinção também é de grau, visto que o dever de fundamentação e busca pelos fins jurídicos estarão sempre presentes. Muda tão somente a "quantidade" exigida de fundamentação, em razão de ser mais necessário justificar a não incidência de uma regra diante do fato de o legislador já ter previsto expressamente os meios de atingimento dos fins a serem alcançados.

As duas categorias de princípios da ordem econômica e suas características

Podem-se agrupar os diversos princípios constitucionais, segundo classificação defendida pelo professor Luís Roberto

---

[77] A respeito das diferentes funções exercidas por regras e princípios no ordenamento, ver BARCELLOS, Ana Paula de. *Ponderação, racionalidade e atividade jurisdicional.* Rio de Janeiro: Renovar, 2005. p. 185.

Barroso,[78] em três categorias distintas: princípios fundamentais, princípios gerais e princípios setoriais. Princípios fundamentais,[79] em seu entendimento, consistem naqueles cujo conteúdo expressa as opções políticas fundamentais do constituinte. Encontram-se, por excelência, expressos no art. 1º da Constituição Federal. Os princípios gerais dizem respeito àqueles decorrentes dos fundamentais, especificando-os mais. São exemplos diversos, portanto, dos direitos previstos enquanto princípios no art. 5º da CRFB.

Por fim, os princípios setoriais, como o próprio nome antecipa, destinam-se a atuar em determinado setor específico versado pela Carta Magna. Neste sentido, por exemplo, no art. 37, *caput*, encontram-se previstos diversos princípios setoriais da administração pública (moralidade, impessoalidade, publicidade etc.).

O art. 170 da Constituição, ao inaugurar o título referente à ordem econômica e financeira, prevê que:

> A ordem econômica, fundada na valorização do trabalho humano e na livre iniciativa, tem por fim assegurar a todos existência digna, conforme os ditames da justiça social, observados os seguintes princípios:
> I. soberania nacional;
> II. propriedade privada;
> III. função social da propriedade;
> IV. livre concorrência;

[78] BARROSO, Luís Roberto. *Interpretação e aplicação da Constituição.* 3. ed. São Paulo: Saraiva, 1999.
[79] Neste mesmo sentido: SILVA, José Afonso da. *Curso de direito constitucional positivo.* São Paulo: Malheiros, 2007.

ORDEM CONSTITUCIONAL ECONÔMICA

V. defesa do consumidor;

VI. defesa do meio ambiente;

VII. redução das desigualdades regionais e sociais;

VIII. busca do pleno emprego;

IX. tratamento favorecido para as empresas de pequeno porte constituídas sob as leis brasileiras e que tenham sua sede e administração no país.

O dispositivo em tela enuncia, em seus incisos, os diferentes princípios setoriais da ordem econômica do Estado brasileiro. Tais princípios, em conjunto e somados aos fundamentos da livre iniciativa e da valorização do trabalho, sistematizam os dispositivos do ordenamento que regerão as diversas relações econômicas no país. Com base no mesmo poder-se-á defender ou vedar a intervenção do Estado no domínio econômico, bem como definir quais as modalidades de atuação estatal e intensidades de limitação à livre iniciativa são tuteladas.

Afirma Luís Roberto Barroso não haver "homogeneidade funcional" entre os princípios elencados nos incisos do art. 170. Dessa forma, na lição do professor, os princípios da ordem econômica podem ser classificados em duas categorias: os "princípios de funcionamento" e os "princípios-fins".[80]

Os primeiros são caracterizados por "estabelecerem os parâmetros de convivência básicos que os agentes da ordem econômica deverão obedecer".[81] Referem-se à "dinâmica das relações produtivas". Entre os mesmos se inserem a soberania nacional, a propriedade privada, a função social da propriedade, a livre concorrência, a defesa do consumidor e a defesa do meio ambiente.

[80] BARROSO, Luís Roberto. "A ordem econômica constitucional e os limites à atuação estatal no controle de preços", 2003a, op. cit., p. 56.
[81] Ibid., p. 56.

Nas palavras do constitucionalista, os princípios-fins são aqueles que "descrevem realidades materiais que o constituinte deseja sejam alcançadas". Entre estes, a existência digna para todos, a redução das desigualdades regionais e sociais, a busca do pleno emprego e a expansão das empresas de pequeno porte constituídas sob as leis brasileiras e que tenham sua sede e administração no país. O professor faz ainda interessante conexão entre tal espécie dos princípios setoriais da ordem econômica, que buscam atingir determinados fins, e os objetivos fundamentais do Estado brasileiro, consagrados no art. 3º da Constituição.[82]

Tércio Sampaio Ferraz Jr., em artigo publicado, também se valeu da terminologia "princípios-fins" ao se referir aos princípios da busca do pleno emprego e ao da igualdade regional.[83]

As duas espécies distintas de princípios setoriais da ordem econômica, por suas diferentes características, exigem consequentemente papel diverso do Estado. Enquanto atua o poder público na "preservação" e "promoção" dos princípios de funcionamento, cabe ao Estado a "implementação de programas" para a realização dos princípios-fins.

A priori, os princípios de funcionamento se aplicam de forma maior aos particulares, atuando o Estado mediante sua fiscalização (tendo esta como limite a essência da livre concorrência). Por outro lado, os princípios-fins tocariam a política econômica estatal, devendo esta ser implementada diretamente pelo Estado. Não pode o poder público impor aos particulares a busca de tais fins (sob pena de suprimir-se a livre iniciativa), mas tão somente fomentar condutas que os realizem.

---

[82] Ibid.
[83] FERRAZ JR., Tércio Sampaio. Congelamento de preços: tabelamentos oficiais (parecer). *Revista de Direito Público*, n. 91, p. 78, 1989.

Conflitos entre os princípios da ordem econômica: harmonização e equilíbrio

Uma rápida leitura sobre os princípios consagrados no art. 170 é suficiente para que se perceba seu caráter nitidamente compromissório. A exemplo do ocorrido com as normas constitucionais nos demais setores, os preceitos atinentes à ordem constitucional econômica tutelam de forma evidente ideologias antagônicas, que deverão ser harmonizadas por otimização nas diferentes situações de modo a não suprimir nenhum dos interesses em jogo.

Destacam-se, no *caput* do art. 170, a livre iniciativa e o valor do trabalho humano como "fundamentos da ordem econômica". Cabe ressaltar que, a rigor, trata-se de muito mais que meros fundamentos da ordem econômica; trata-se de princípios fundamentais do Estado, segundo o art. 1º da Carta. A previsão de ambos, lado a lado e em igual destaque, constitui principal expressão do compromisso de interesses constitucionais.

Simultaneamente, protege a Constituição a livre iniciativa, interesse do capital cuja bandeira principal é a vedação à intervenção estatal sobre o domínio econômico, e o valor do trabalho humano, proteção do trabalhador, cujos interesses devem ser impostos ao desempenho das atividades da iniciativa privada justamente mediante intervenção estatal.

No entender do professor Luís Roberto Barroso,[84] pode-se decompor o fundamento da "livre iniciativa": na propriedade privada dos meios de produção; na liberdade de empresa (somente cabendo autorização para seu desempenho quando exigida em lei – art. 170, parágrafo único); na livre concorrência; e na liberdade de contratar (fruto do próprio art. 5º, II).

---

[84] BARROSO, Luís Roberto. "A ordem econômica constitucional e os limites à atuação estatal no controle de preços", 2003a, op. cit., p. 50-51.

Segundo o mesmo autor, a valorização do trabalho possuiria lastro na própria dignidade da pessoa humana e contraponto nos direitos expressos no art. 7º da Constituição.

Consequência direta de calcar-se a ordem constitucional econômica em fundamentos de matizes ideológicos tão antagônicos é a extensão de tal antagonismo também aos princípios setoriais, que são, afinal, desenvolvimentos dos fundamentos em questão.

Nesse sentido, também resulta nítida a tensão entre propriedade e função social da propriedade; entre liberdade de empresa de um lado e defesa do consumidor e do meio ambiente de outro; entre o estímulo à inovação tecnológica pela proteção às patentes e a livre concorrência etc.

Pode ser citada, como forma de ilustrar esse conflito entre princípios da ordem econômica, a Adin nº 3.540,[85] proposta pelo procurador-geral da República, visando atacar a constitucionalidade do art. 4º, *caput* e §§1º a 7º, da Lei nº 4.771/1965 (Código

---

[85] BRASIL. Supremo Tribunal Federal. Adin nº 3.540 – MC. Relator: ministro Celso de Mello. Julgamento em 1 set. 2005. O julgamento definitivo da ação direta de inconstitucionalidade pelo STF ainda está pendente, tendo a Corte Constitucional apenas se pronunciado sobre a medida cautelar pleiteada, no sentido de negar referendo à decisão que havia deferido o pedido cautelar, restaurando a plena eficácia e aplicabilidade do diploma legislativo atacado. Assim se manifestou o STF até o presente momento: "A Medida Provisória nº 2.166-67, de 24/8/2001, na parte em que introduziu significativas alterações no art. 4º do Código Florestal, longe de comprometer os valores constitucionais consagrados no art. 225 da Lei Fundamental, estabeleceu, ao contrário, mecanismos que permitem um real controle, pelo Estado, das atividades desenvolvidas no âmbito das áreas de preservação permanente, em ordem a impedir ações predatórias e lesivas ao patrimônio ambiental, cuja situação de maior vulnerabilidade reclama proteção mais intensa, agora propiciada, de modo adequado e compatível com o texto constitucional, pelo diploma normativo em questão. – Somente a alteração e a supressão do regime jurídico pertinente aos espaços territoriais especialmente protegidos qualificam-se, por efeito da cláusula inscrita no art. 225, §1º, III, da Constituição, como matérias sujeitas ao princípio da reserva legal. – É lícito ao Poder Público, qualquer que seja a dimensão institucional em que se posicione na estrutura federativa (União, Estados-membros, Distrito Federal e Municípios), autorizar, licenciar ou permitir a execução de obras e/ou a realização de serviços no âmbito dos espaços territoriais especialmente protegidos, desde que, além de observadas as restrições, limitações e exigências abstratamente estabelecidas em lei, não resulte comprometida a integridade dos atributos que justificaram, quanto a tais territórios, a instituição de regime jurídico de proteção especial (CF, art. 225, §1º, III)".

Florestal), na redação dada pela Medida Provisória nº 2.166-67, de 24 de agosto de 2001. Com efeito, a alteração introduzida pela medida provisória permitiu a supressão de vegetação de áreas de preservação permanente, se considerada área de utilidade pública ou de interesse social, mediante autorização obtida em processo administrativo próprio. Mas, segundo o procurador, esta permissão seria inconstitucional se obtida mediante processo administrativo, por ofender o art. 225, § 1º, III, da CRFB, que prevê que qualquer supressão de espaços territoriais especialmente protegidos só poderá ocorrer através de lei.

Em sua inicial o procurador sustenta:

> Tal fato [...] poderá acarretar prejuízos irreparáveis ao bem ambiental, uma vez que fundado unicamente na discricionariedade do gestor ambiental de dizer o que é utilidade pública, quando essa avaliação evidentemente extrapola a questão ambiental. [Via de consequência] Abre-se a porta, por exclusivos interesses econômicos, especialmente minerários, para a extinção de espaços territoriais protegidos e essenciais à proteção e defesa dos ecossistemas.

No presente caso, o conflito se daria entre os princípios da livre iniciativa e o da proteção ambiental. Entretanto, os casos específicos de tensões a serem imaginados são infinitos, bem como casuísticas serão as soluções, conforme se apresentem os pesos de cada um dos interesses presentes na situação. A frequência de tais tensões se deve à mencionada opção do constituinte por fundamentos e princípios setoriais da ordem econômica de caráter evidentemente compromissório, tutelando ideologias distintas.

A possibilidade de estruturação de tal sistema só se encontra viável graças à utilização de normas, em sua maioria, da espécie principiológica, dotadas de linguagem de maior grau de abstração, comportando delimitação de conteúdo mais maleável de acordo com as diferentes situações e interesses antagônicos envolvidos.

Tércio Sampaio Ferraz Jr. Percebe, com propriedade, que uma parcela dos princípios setoriais da ordem econômica representa ideologia do estado de direito clássico, atuando na limitação à intervenção estatal sobre o domínio econômico, enquanto outros princípios setoriais são fruto do ideal do Estado social, pleiteando, exatamente em sentido oposto, maior intervenção estatal.[86]

Dessa forma, levanta o autor uma distinção relevante entre a ideia de "intervencionismo estatal" e aquela de "dirigismo". Enquanto o intervencionismo permitiria a atuação estatal sobre o domínio econômico em medidas dosadas pelo limite imposto pela essência da livre iniciativa, o dirigismo seria caracterizado pela supressão completa desta última. Nas palavras do autor:

> O mercado, enquanto mecanismo de coordenação e organização dos processos econômicos e que pressupõe o reconhecimento do direito de propriedade dos bens de produção e a liberdade de iniciativa, é mantido no intervencionismo como o princípio regulador da economia. Distinto do intervencionismo é, neste sentido, o dirigismo econômico, próprio das economias de planificação compulsória, e que pressupõe a propriedade estatal dos meios de produção, a coletivização das culturas agropecuárias e o papel do Estado como agente centralizador das decisões econômicas de formação de preços e fixação de objetivos.[87]

---

[86] FERRAZ JR., Tércio Sampaio. "Congelamento de preços: tabelamentos oficiais (parecer)", 1989, op. cit., p. 81.
[87] Ibid., p. 76-77.

Segundo o jurista citado, se o limite à atuação do Estado seria justamente o de não poder suprimir a livre iniciativa, por outro lado, como limite positivo, deve o poder público garantir também o cumprimento dos demais princípios da ordem econômica.[88] Analisando a tensão entre livre iniciativa e dever de atuação estatal, o professor busca delimitar a harmonização no caso dos planejamentos econômicos e dos congelamentos de preço. Conclui, dessa forma, não ser possível a imposição, pelo Estado, de planejamento, substituindo o mercado. Ao contrário, permitida seria a definição de uma política econômica, o que não importaria em supressão da livre iniciativa.[89] O próprio art. 174, *caput*, da CRFB dispõe:

> Como agente normativo e regulador da atividade econômica, o Estado exercerá, na forma da lei, as funções de fiscalização, incentivo e planejamento, sendo este determinante para o setor público e indicativo para o setor privado.

Em afirmação consonante, Luís Roberto Barroso afirma não ser a livre concorrência princípio absoluto, podendo haver situações excepcionais de intervenção estatal legítima em matéria de preços.[90] No entender do professor, a própria livre

---

[88] Ibid., p. 77.
[89] Ibid., p. 79.
[90] BARROSO, Luís Roberto. "A ordem econômica constitucional e os limites à atuação estatal no controle de preços", 2003a, op. cit., p. 49. A título ilustrativo, sobre o tema, cite-se o julgamento, ainda não concluído pelo STF, de recurso ordinário em mandado de segurança, cujo relator é o ministro Eros Grau, em que se discute a "fixação de preços de medicamentos pela Câmara de Regulação do Mercado de Medicamentos – CMED, uma vez que estabelecido preço máximo inicial de determinado medicamento em patamar 30% inferior ao deferido para medicamento com a mesma aplicação terapêutica, porém fabricado a partir de princípio ativo distinto. [...] A empresa produtora do fármaco alega a inconstitucionalidade da delegação de competência para a CMED dispor sobre a fixação de preços de novos medicamentos, bem como a violação aos princípios da isonomia e

iniciativa/liberdade de concorrência pode impor controle prévio de preços em situações excepcionais, se essencial à reorganização de mercado deteriorado.

Ainda, Luís Roberto Barroso estabelece limites à intervenção disciplinadora que consistiriam na livre iniciativa e na razoabilidade, bem como levanta, por outro lado, os argumentos aptos a fundamentar tal intervenção, que seriam a valorização do trabalho humano, os princípios de funcionamento e a própria reorganização da livre iniciativa.[91]

Dessa forma, torna-se possível a intervenção, pois se encontram presentes relevantes fundamentos, devendo-se, dessa forma, observar a razoabilidade da medida, bem como nunca suprimir a essência da livre iniciativa.

As diversas hipóteses de tensão imagináveis entre os inúmeros princípios dispostos em sentidos antagônicos devem buscar sempre a otimização de ambos na situação concreta, definindo-se

---

da livre concorrência, na medida em que criada situação de desvantagem competitiva em relação à sua concorrente. [...] No mérito, por considerar transgredidas as regras constitucionais da igualdade e da livre concorrência, o relator deu provimento ao recurso para anular a decisão do Conselho de Ministros da CMED quanto à fixação do preço máximo inicial do medicamento produzido pela recorrente. [...] O relator concluiu que teriam sido adotados critérios distintos para a fixação dos preços, atribuídos ao mesmo medicamento, a serem praticados pela recorrente e por sua concorrente direta. Salientando a necessária neutralidade do Estado diante do fenômeno concorrencial, aduziu que a ação estatal sobre o mercado deve alcançar de maneira uniforme os produtos que disputem entre si a preferência do consumidor. Ademais, assentou que a utilização da diferença entre princípios ativos pelos agentes econômicos produtores de fármacos seria insignificante quando se tratasse de concorrência, no mercado, entre produtos com idêntica aplicação terapêutica. Consignou que a utilização desse critério – o do princípio ativo de medicamentos com idêntica aplicação terapêutica – não se prestaria a justificar a fixação de preço inicial, para um deles, que conduzisse outro agente econômico à situação de desvantagem competitiva na disputa pelo mercado interno, mas atuaria como freio, opondo obstáculo à inovação, a qual seria da essência do modo de produção contemplado pela Constituição, inerente à noção de desenvolvimento capitalista". BRASIL. Supremo Tribunal Federal. RMS nº 26.575/DF. Relator: ministro Eros Grau. Julgamento em 8 jun. 2010. *Informativo STF*, n. 590.

[91] BARROSO, Luís Roberto. "A ordem econômica constitucional e os limites à atuação estatal no controle de preços", 2003a, op. cit., p. 71.

a solução mediante a técnica da ponderação.[92] A rigor, esta foi precisamente a intenção do constituinte ao utilizar-se de normas principiológicas, cuja função, conforme visto, não é definir condutas específicas *a priori*, mas sim deixar o melhor meio de atendimento do preceito ao intérprete.

Cabe ressaltar, porém, que a solução não deve nunca suprimir inteiramente o princípio restringido. Esta, sem dúvida alguma, também é a intenção do constituinte. Embora expresso em linguagem de alto teor de abstração, há inequivocamente núcleo de conteúdo certo da norma principiológica, que possui natureza de regra.[93] Principalmente, não se deve suprimir nunca a livre iniciativa e a valorização do trabalho, princípios fundamentais do Estado.

Questões de automonitoramento

1. Após ler este capítulo, você é capaz de resumir os casos geradores do capítulo 7, identificando as partes envolvidas, os problemas atinentes e as soluções cabíveis?
2. Indique os dois grandes agentes da ordem econômica, expondo o diferente intuito de participação de cada um no setor.
3. Quais as principais modalidades de atuação estatal sobre o domínio econômico? Relacione as mesmas com a ideia de ordem econômica em sentido normativo e a tutela, por

---

[92] A respeito da utilização da ponderação, ver BARCELLOS, Ana Paula de. *Ponderação, racionalidade e atividade jurisdicional*, 2005, op. cit. A autora busca reduzir a discricionariedade do uso de tal técnica.

[93] Embora regras também se submetam à ponderação, possuem, *a priori*, prevalência enquanto parâmetro abstrato. Isso porque as regras possuem papel específico no ordenamento, já definida especificamente pelo legislador a conduta a ser observada, ao contrário dos princípios, em que o legislador deixa os meios de atingimento do fim em aberto. Ver BARCELLOS, Ana Paula de. *Ponderação, racionalidade e atividade jurisdicional*, 2005, op. cit.

ordenamento de "intensidades", de participação do poder público sobre a economia.

4. Apresente as principais distinções formuladas entre princípios e regras, explicitando as diferentes funções que cada espécie normativa exerce no ordenamento.

5. Diferencie princípios fundamentais, gerais e setoriais. Onde se encontram previstos os princípios da ordem econômica e como podem ser classificados?

6. O que se entende por tensões entre princípios da ordem econômica? Qual a razão de sua existência? Como são as mesmas possíveis sem violação à sistematicidade da Constituição? Como devem ser solucionadas?

7. Descreva alternativas para a solução dos casos geradores do capítulo 7.

3

Regulação, concorrência e defesa do consumidor: interfaces e complementaridade

Roteiro de estudo

Livre iniciativa. Caráter compromissório da Carta Magna e interfaces entre os diversos princípios da ordem constitucional econômica

Como visto, o art. 170 da CF/88, em seu *caput*, prevê que a ordem constitucional econômica pátria possui como fundamento, ao lado do valor do trabalho humano, a livre iniciativa. A rigor, tanto a livre iniciativa quanto o valor do trabalho humano, muito mais que unicamente fundamentos da ordem constitucional econômica, constituem princípios fundamentais do Estado, conforme explicita o art. 1º da Carta Magna.

Ao fornecer tamanho destaque ao princípio da livre iniciativa, buscou o constituinte originário brasileiro afastar de plano a ideia de dirigismo econômico estatal como regra geral. Assim, em conformidade com o princípio destacado, deve-se estruturar a ordem econômica sobre o livre desempenho das atividades econômicas pela iniciativa privada.

Por livre iniciativa, portanto, deve-se entender encontrar-se aberto a todos os particulares o livre desempenho de qualquer atividade econômica.[94] Ao se afirmar ser a livre iniciativa fundamento da ordem constitucional econômica, estabelece-se a intenção de que tal ordem econômica possua como premissa a livre atuação do setor privado na exploração das diversas atividades, sem a possibilidade de interferência estatal injustificada.

Tal conteúdo essencial da livre iniciativa, que já se encontraria evidentemente presente na previsão do princípio no *caput* do art. 170, foi inclusive explicitamente revelado pelo parágrafo único do mesmo dispositivo ao afirmar ser "assegurado a todos o livre exercício de qualquer atividade econômica, independentemente de autorização dos órgãos públicos".

Apresenta-se, em suma, a ideia de livre iniciativa em posição precisamente simétrica à de dirigismo estatal sobre as relações econômicas. Opõe-se a liberdade de atuação da iniciativa privada no desempenho das atividades econômicas ao modelo estatal totalitário e planificador de toda a economia mediante intervenções injustificadas.

O princípio da livre iniciativa, entretanto, não se encontra previsto com exclusividade entre aqueles que informam a ordem econômica constitucional. A rigor, diversos outros princípios parecem conformar a ordem econômica em sentido justamente antagônico ao da livre iniciativa. Preliminarmente

---

[94] A referência é às atividades econômicas em sentido estrito. Ressalvam-se os serviços públicos e as atividades econômicas monopolizadas, que têm disciplina jurídica própria. Exceção deve ser feita aos serviços públicos de saúde e educação, que são abertos à livre iniciativa, por expressa previsão constitucional. Ver, sobre a distinção entre o papel do Estado em face dos serviços públicos e às atividades econômicas, os comentários de GRAU, Eros Roberto. *A ordem econômica na Constituição de 1988*. 6. ed. São Paulo: Malheiros, 2001. Ver também a decisão proferida pelo Supremo Tribunal Federal na Ação de Descumprimento de Preceito Fundamental nº 46, a partir do voto de vista condutor do acórdão da lavra do ministro Eros Grau.

se destaca, igualmente com o *status* de princípio fundamental do Estado, conforme já ressaltado, o fundamento "valor do trabalho humano".

Perceba-se que a ideia de valorização do trabalho humano aponta, em posição exatamente oposta àquela preceituada pela livre iniciativa, para uma possibilidade de conformação do "livre" desempenho de atividades econômicas pela iniciativa privada. Em igual contexto de aparente contradição com a livre iniciativa garantida pelo art. 170 à iniciativa privada, podem ser apontados diversos outros princípios setoriais da ordem econômica, enumerados nos incisos do mesmo dispositivo.

Neste sentido, os princípios da (I) soberania nacional, (IV) livre concorrência, (V) defesa do consumidor, (VI) defesa do meio ambiente, (VII) redução das desigualdades regionais e sociais e (VIII) busca do pleno emprego preceituam finalidades e normas de funcionamento a serem observadas pela iniciativa privada quando da exploração de atividades econômicas em nítida limitação à livre iniciativa. É evidente que, caso vigorasse a livre iniciativa como fundamento absoluto, a iniciativa privada não se preocuparia com a busca do pleno emprego, por exemplo.

Vale notar que a Constituição possui caráter nitidamente compromissório. Consagra a livre iniciativa como fundamento da ordem econômica, segundo a qual o Estado não deve interferir no livre desempenho de atividades econômicas pelos particulares. Todavia, ao mesmo tempo, consagra igualmente o valor social do trabalho e diversos princípios setoriais que impõem justamente a conformação do desempenho de tais atividades pelo Estado.

Assim, mais importante que entender as origens da previsão de preceitos aparentemente contraditórios na Constituição, deve-se compreender como a convivência dos mesmos se torna possível sem incoerência.

A solução do dilema se encontra na teoria dos princípios. Como se sabe, e segundo entendimento albergado pela maior parte da doutrina atual,[95] os princípios constituem espécie do gênero normas. Tal espécie normativa se caracteriza, entre os inúmeros critérios formulados, por serem expressos em linguagem dotada de maior grau de abstração, que possibilita sua ponderação nos diversos casos com disposições *a priori* antagônicas. Afirma-se, então, que princípios não entrariam em verdadeiro conflito, mas tão somente em "tensão".

No que diz respeito aos princípios da ordem constitucional econômica, deve-se entender igualmente os diversos dispositivos como sujeitos a ponderações. Dessa forma, deve vigorar, sim, como regra, a estruturação das relações econômicas sobre a liberdade de atuação pela iniciativa privada. Entretanto, tal livre iniciativa deve ser restringida pela possibilidade de interferência estatal na conformação dessa atuação quando exigido pelos outros princípios a serem respeitados, sem que isso signifique a absoluta negação da existência de livre iniciativa. Outra observação relevante é que, ao momento da ponderação entre os princípios incidentes aos casos afetos à ordem econômica brasileira, deve-se buscar ponderar conteúdos que sejam, eles próprios, razoáveis e conformes à razão pública: não se deve ponderar versão ordoliberal de livre iniciativa, ao lado de versão semissocialista de princípio da busca do pleno emprego. Tais visões estão previamente afastadas do espectro de possibilidades de nossa ordem constitucional: são visões *fundamentalistas* a respeito de direitos fundamentais. Ao momento da resolução de controvérsias atinentes à ordem econômica, o que se pondera, por todo o espectro ideológico,

---

[95] Por todos, ver GRAU, Eros Roberto. *A ordem econômica na Constituição de 1988*, op. cit., 2001.

são versões aceitáveis dos princípios acima referidos. Ou seja: não se ponderam princípios *capturados*.

Não deve haver interferências injustificadas pelo Estado no desempenho das atividades privadas pela livre iniciativa. Nada obstante, o Estado pode atuar como regulador da atividade econômica, na forma da lei (art. 174 da CRFB/1988), além de poder, igualmente, atuar diretamente na atividade econômica em sentido estrito, em concorrência com a iniciativa privada (art. 173, §1º, da CRFB/1988). Quanto ao ponto, é de se destacar uma possível polêmica a respeito da natureza jurídica do que chamam de "princípio da subsidiariedade da intervenção do Estado na economia". Muitos o consideram um princípio constitucional implícito: haveria determinação expressa para que o Estado só pudesse intervir concorrencialmente na economia em situações absolutamente excepcionais, numa condição de *ultima ratio*; outros o enxergam como diretriz administrativa infraconstitucional e acreditam que o poder público poderia intervir mesmo em situações que não se configurassem como situações-limite.[96]

Precisamente nessa seara se insere a possibilidade de regulação estatal das atividades econômicas na busca de fins consagrados pelo ordenamento. Dessa forma, deve o Estado, mediante regulação, visar à proteção do consumidor, do meio ambiente equilibrado, da criação de empregos etc.

Questão de extrema relevância na dinâmica de interação entre os diversos princípios atinentes à ordem constitucional econômica diz respeito à relação existente entre "livre iniciativa" e "livre concorrência". Tal relação se explica pela possibilidade (ou não), defendida por muitos, justamente de, nos moldes

---

[96] Ver MENDONÇA, José Vicente Santos de; SOUZA NETO, Cláudio Pereira de. Fundamentalização e fundamentalismo na interpretação do princípio constitucional da livre iniciativa. In: SARMENTO, Daniel; SOUZA NETO, Cláudio Pereira de (Org.). *A constitucionalização do direito*. Rio de Janeiro: Lumen Juris, 2006.

expostos, limitar-se o desempenho da livre iniciativa em prol de imposição pelo princípio da concorrência. O ponto se torna ainda mais importante tendo-se em vista o debate acerca da possibilidade de, mediante defesa da concorrência, se proteger (ou não) o interesse do consumidor, envolvendo novo princípio da ordem econômica tutelado no art. 170, V, da CRFB.

Neste caso, interfere-se sobre a livre iniciativa mediante regulações tendentes a tutelar a livre concorrência e a proteger o consumidor. Da mesma forma, intervém o Estado restringindo os atos que possam vir a concentrar o mercado, bem como sancionando ações que tenham o potencial de violar a livre concorrência. Há, inclusive, grande debate teórico, capitaneado pelas escolas de Chicago e de Harvard, a respeito da correta compreensão do termo "concorrência" (conforme ainda veremos): a escola de Harvard adota a teoria da concorrência como instrumento – a concorrência é meio que leva a outros fins; a escola de Chicago assume que a concorrência, perseguida de modo único, já é capaz de gerar externalidades sociais positivas. Aparentemente, nosso sistema de defesa da concorrência está mais próximo da ideia de concorrência como instrumento.[97]

Livre iniciativa e livre concorrência: relação de consequência ou de limitação? Interfaces com os interesses do consumidor

Como visto, segundo o professor Luís Roberto Barroso,[98] com base em elaboração teórica de Nelson Diz, o princípio

---

[97] Ver Processo Administrativo nº 53500.005770/2002, pedido de medida preventiva, relator conselheiro Cleveland Prates Teixeira: a concorrência deve visar "à constituição e manutenção de estruturas de mercado eficientes, à geração de benefícios ao consumidor e ao próprio desenvolvimento nacional".

[98] BARROSO, Luís Roberto. A ordem econômica constitucional e os limites à atuação estatal no controle de preços. In: _____. *Temas de direito constitucional*. Rio de Janeiro: Renovar, 2003a. t. II, p. 50-51.

da livre iniciativa poderia ser desmembrado em diversos subprincípios que o compõem. Poderia se decompor o fundamento da "livre iniciativa" na propriedade privada dos meios de produção; na liberdade de empresa (somente cabendo autorização para seu desempenho quando exigida em lei – art. 170, parágrafo único); na livre concorrência; e na liberdade de contratar (fruto do próprio art. 5º, II). Neste entender, portanto, o princípio da livre concorrência constituiria verdadeiro desdobramento do princípio da livre iniciativa, faceta de manifestação deste último.

Tal posicionamento, todavia, não expressa de forma uníssona a totalidade da ideia de livre concorrência. Ocorre que se pode entender livre concorrência não como parcela componente da livre iniciativa, mas, justamente pelo contrário, enquanto elemento limitador da atuação da iniciativa privada.

Em um primeiro sentido, livre concorrência pode significar a possibilidade de o agente atuar livremente entre os diversos concorrentes, podendo optar discricionariamente pelas estratégias e preços que utilizará, tendo em conta a competição dos demais agentes. Neste caso, livre concorrência, não sofrendo interferência estatal em tal atuação, de fato representa parcela da livre iniciativa, segundo a qual o desempenho de atividades econômicas encontra-se livre à exploração pelos particulares sem intervenção injustificada pelo Estado.

Em outro sentido, todavia, pode-se entender livre concorrência não como livre opção pelo agente das estratégias e preços que adotará ao atuar em competição com outros agentes, mas como garantia à preservação da existência de pluralidade de agentes a desempenhar certa atividade em competição. Isto significa que a livre concorrência não constitui parcela da livre iniciativa. Pelo contrário, pode representar limite a esta última quando exercida de forma desmedida e tendente a causar prejuízos ao mercado.

Seja como for, ambas as visões teóricas justificam idênticos resultados práticos.

A ideia de que a livre concorrência poderia representar fator de limitação da livre iniciativa, devendo-se reprimir o livre desempenho de atividades econômicas pelo particular quando exercidas de forma abusiva e lesiva ao mercado, não vigorou sempre. A rigor, trata-se de evolução, resultado dos processos de concentração do poder econômico e da paulatina percepção de que o exercício do mesmo, por vezes, poderia trazer prejuízos ao bem da coletividade.

Assim é que, à época do liberalismo clássico, não havia necessidade de restrição à livre iniciativa para que fosse garantida a pluralidade de agentes econômicos a desempenhar as atividades em competição. Não havia sentido em se falar de livre concorrência como fator que exigisse conformação da livre iniciativa. As técnicas relativamente simples e a pequena quantidade de capital de investimento exigido possibilitavam a entrada de diversos agentes no mercado.

Ocorre que, com a crescente industrialização e o progressivo aumento nas exigências de *know-how* e de elevados investimentos financeiros, a entrada de agentes no mercado se tornava mais difícil. A concentração do desempenho das atividades em torno de certos agentes passou a denotar o surgimento de determinada espécie de poder sobre as relações comerciais. Tais agentes começaram a deter a capacidade de influenciar de forma significante, por seus próprios atos, o mercado. A consequência mais frequente apresenta-se geralmente com o aumento excessivo de preços, muito além dos reais custos de produção do bem. Isso porque, incentivado o agente a atuar unicamente em seu próprio benefício, constitui seu único interesse o aumento de lucros, recaindo os ônus evidentemente sobre o restante da coletividade. Não possui o detentor de poder econômico incentivo para beneficiar a coletividade, não havendo outros agentes que, atuando simultaneamente no mercado, possam oferecer opções substitutivas de produtos.

Surge, portanto, com o processo de concentração econômica, a percepção de que a livre concorrência – na condição de pluralidade de agentes a desempenhar atividades em regime de competição – pode representar importante proteção da coletividade e dos consumidores contra potenciais abusos de poder econômico. Passa, dessa forma, a livre concorrência a ser tutelada pelo ordenamento e a condicionar o princípio da livre iniciativa. Carlos Emmanuel Joppert Ragazzo bem destaca esta evolução das relações entre livre concorrência e livre iniciativa:

> O liberalismo clássico do século XVIII consubstanciava um modelo econômico segundo o qual o Estado era responsável por uma interferência mínima no mercado [...]
>
> Dentro desse cenário, a livre concorrência seria apenas uma decorrência natural da livre iniciativa que era conferida aos agentes econômicos [...].
>
> [...] a estrutura dos mercados de bens e de serviços era bastante atomizada, inexistindo, por parte dos agentes econômicos, qualquer poder de influenciar preços ou condições de venda [...]
>
> Essa situação estrutural começou a se alterar a partir da revolução industrial. A substituição da mão de obra braçal pelo sistema fabril e o aperfeiçoamento das técnicas de distribuição permitiram uma maior concentração nos mercados relevantes.
>
> Diminuiu-se o número de agentes econômicos, com a consequente formação de grandes empresas, por meio de operações societárias (fusões ou aquisições) ou de crescimento próprio, alterando a estrutura do mercado (de vários agentes os mercados relevantes passaram a ser caracterizados por oligopólios e monopólios) [...]

[...] a regra geral continuava (e continua) a ser a da livre iniciativa. Mas nascia a partir dali a noção de que a livre iniciativa teria limites [...]
[...] Não se confundem, dessa forma, a livre iniciativa e a livre concorrência. Como se pode inferir intuitivamente, nem todas as formas de competição são lícitas e, portanto, benéficas à concorrência. [...]
Assim, o princípio da livre concorrência fornece a base jurídica para impedir que os agentes econômicos possam desvirtuar as prerrogativas de liberdade de iniciativa [...].[99]

Enfim, em inúmeras situações, apresenta-se claramente a livre concorrência como fator de limitação à livre iniciativa, condicionando a atuação dos particulares no desempenho das diversas atividades econômicas. Isso porque a manutenção da pluralidade de agentes a explorar determinada atividade em competição constitui, muitas vezes, verdadeira garantia de melhor alocação de recursos em prol de toda a coletividade.

Essa competição representa, em diversas situações, o combate à possibilidade de abuso de poder de mercado, havendo incentivo econômico para que os particulares beneficiem a coletividade e os consumidores, sob pena de estes últimos optarem pelos produtos mais benéficos da concorrência. Por essa razão, a livre concorrência passou a ser consagrada por diversos ordenamentos mediante o surgimento de leis antitruste, e, ao tornar-se princípio tutelado nas ordens econômicas, apto a limitar justificadamente a livre iniciativa.

Em outras palavras, a liberdade de contratar do agente econômico, entendida por Patrícia Regina Pinheiro Sampaio como parcela da livre iniciativa, está limitada pelo próprio ordena-

---

[99] RAGAZZO, Carlos Emmanuel Joppert. Notas introdutórias sobre o princípio da livre concorrência. *Revista do Cade*, Brasília, n. 6, p. 4-5, abr./jun. 2005.

mento jurídico, que determina o campo de atuação desse agente econômico no mercado, através da positivação dos princípios constitucionais. Nesse sentido, afirma a autora:

> A positivação da concorrência como princípio constitucional tem por efeito fazer com que algumas recusas de contratar – se propiciarem redução da oferta, aumento de preços ou piora na qualidade dos bens ofertados – devam ser sancionadas.[100]

Tal mecanismo de limitação do atuar do agente econômico pelo Estado possui uma justificativa que transcende a usualmente dada, de alocação de recursos escassos. Ou seja, não se trata apenas de alocar os recursos da melhor forma possível, mas também de propiciar acesso aos mercados, no sentido mais democrático possível:

> A liberdade do acesso aos mercados significa, então, ter capacidade para intercambiar bens e serviços em um processo econômico no qual as posições das partes se apresentam razoavelmente equânimes.
>
> Contudo, a isonomia nesse processo de trocas não é natural: assimetrias de poder econômico e de acesso à informação – tanto no que tange à educação formal genericamente considerada como quanto aos dados necessários à escolha consciente no caso concreto – mostram-se constantes, especialmente em países com déficit de desenvolvimento socioeconômico, como é o caso brasileiro.
>
> Dessa forma, a equalização de situações de troca profundamente desiguais na origem constitui uma das principais finalidades

[100] SAMPAIO, Patricia Regina Pinheiro. *Direito da concorrência e obrigação de contratar*. Rio de Janeiro: Elsevier, 2009. p. 23.

da atribuição de normatividade aos princípios da Ordem Econômica: garantir o direito individual às trocas fortalece a dignidade humana, pois os indivíduos almejam a liberdade de escolha.[101]

Se, por um lado, afirmou-se o caráter não absoluto do princípio da livre iniciativa, que deve ser por vezes conformado em face de outros valores igualmente tutelados, o mesmo se pode dizer do princípio da livre concorrência. Mas embora configure, muitas vezes, importante garantia contra o exercício abusivo do poder econômico, sendo apta a conformar a livre iniciativa em prol da melhor alocação de bens na coletividade, não configura a livre concorrência princípio absoluto. Ocorre que nem sempre a própria defesa da concorrência é interessante. Pode haver casos em que o setor, ao contrário, exija justamente concentração. Será apresentada, no próximo tópico, a relação entre objetivos das leis antitruste e a concorrência, a eficiência da concorrência ou da concentração, principalmente no fim de defesa do consumidor.

Objetivos das leis antitruste e histórico da proteção à concorrência em relação aos interesses do consumidor. Escola de Harvard. Escola de Chicago. A concorrência-instrumento

Conforme visto, a proteção à livre concorrência adotada por diversos ordenamentos decorre fundamentalmente dos efeitos positivos por ela acarretados na melhor alocação dos bens na coletividade. A preocupação com tal proteção e a ideia de que a livre concorrência deveria impor limites à atuação da livre ini-

---

[101] Ibid., p. 18-19.

ciativa nasce com a percepção de que a excessiva concentração econômica induz ao exercício abusivo do poder econômico com graves prejuízos ao mercado e ao bem comum.

Âmbito da coletividade, cuja afetação prejudicial da concentração é visualizada mais facilmente, é aquele que diz respeito ao consumidor. Possuindo o consumidor uma relação direta com o detentor do poder econômico, restam mais evidentes os prejuízos que este consumidor geralmente sofre diante da impossibilidade de obtenção de produtos substitutivos que satisfaçam suas justas expectativas de preço e qualidade.

Dessa forma, muito frequentemente se estudam os benefícios trazidos pela defesa da concorrência contra a concentração unicamente sob o ângulo de tutela dos interesses do consumidor. De fato, a defesa da livre concorrência, nos moldes vistos, possui interface significativa e que não pode ser ignorada com a proteção dos interesses consumeristas. A questão, entretanto, não se limita a este único aspecto. Implica a manutenção da competição inúmeras outras consequências, desde a quantidade de empregos mantidos até a quantidade de tributos recolhidos pelo Estado.

Por outro lado, deve-se ressaltar que, a rigor, nem sempre a defesa da livre concorrência acarretará benefícios à coletividade. Pelo contrário, há setores em que a concentração se demonstra necessária e, portanto, desejada, mesmo para o consumidor, sob pena de impossibilidade de prestação daquela atividade como um todo. Nestes casos, as particularidades intrínsecas ao setor impedem a atuação simultânea de diversos agentes em competição pulverizada. Se a concentração traz poder econômico, a pulverização, muitas vezes, acarreta justamente a fragilidade econômica dos agentes, incapazes de suportar as pesadas exigências de certos setores. A dificuldade do investimento de capitais ou mesmo a necessidade de alto domínio técnico exige verdadeira concentração de forças para que tais atividades se tornem viáveis.

Casos há, inclusive, em que, por particularidade natural, a situação fática só permite que determinada atividade seja desempenhada por um único agente econômico. É a hipótese dos "monopólios naturais", mercados em que se tem retornos crescentes de escala e custo médio decrescente, de modo que apenas uma empresa atuando é, economicamente, mais eficiente. Nestes casos, o Estado adota instrumentos regulatórios bastante incisivos para disciplinar o poder de mercado, inclusive controlando preços.

A existência de pluralidade de agentes a desempenhar a atividade no caso em tela é, portanto, simplesmente uma impossibilidade fática ou geradora de ineficiência econômica. Nesta situação, para proteger a sociedade, é comum o Estado adotar uma regulação mais incisiva, caracterizando algumas dessas atividades como serviços públicos e, inclusive, controlando "preços" (tecnicamente, "tarifas") e qualidade.

Ao longo da História, as diversas opiniões a respeito das funções imputadas à livre concorrência e à concentração econômica ensejaram o surgimento de diferentes "escolas" sobre a temática concernente aos objetivos das leis antitruste. Tais escolas apresentaram entendimentos opostos a respeito da utilidade (ou não) da defesa da livre concorrência no aumento de eficiência e de benefícios ao consumidor, bem como a respeito de dever-se ou não limitar a livre iniciativa pela garantia da livre concorrência.

Uma primeira escola a se notabilizar no debate sobre o tema foi a "escola de Chicago", assim denominada justamente por ter sido desenvolvida na Universidade de Chicago. Seus maiores expoentes, nos anos 1960 e 1970, foram Robert H. Bork[102]

---

[102] BORK, Robert H. *The antitrust paradox*: a police at war with itself. Nova York: Free Press, 1978.

e Richard Posner.[103] Destacou-se esta escola por basear seu posicionamento amplamente na teoria econômica, mais particularmente a neoclássica, buscando aplicação consequente da mesma na seara jurídica.

O grande destaque da escola de Chicago consiste na enorme ênfase dada à ideia de "eficiência produtiva". Eficiência produtiva, aqui, deve ser entendida enquanto capacidade de produção a baixo custo. Essa deve ser a grande – a rigor a única – meta a ser atingida pelo mercado: o grau máximo de eficiência, a saber, o de produção ao menor custo possível.

Dessa forma, é interessante observar que a escola de Chicago acabará por tutelar justamente a perfeita possibilidade de concentração econômica. Em seu entendimento, a concentração econômica não seria um mal. Pelo contrário, caminharia justamente no sentido desejado de busca de eficiência e produção a baixos custos. Sabe-se que, na economia de larga escala em vigor, os custos de produção se tornam progressivamente menores com a produção em maiores quantidades. Portanto, seria não somente incensurável, como desejável, a concentração econômica, uma vez que tal modelo de estruturação do mercado possibilitaria a forma mais eficiente de produção a menores custos.

Além de desejável, por constituir o modelo estrutural mais eficiente, em certos casos a concentração verdadeiramente se impõe. Isso se explica pela impossibilidade de desempenho pulverizado de determinadas atividades, a exigir concentração do poder econômico por uma série de fatores como necessidade de alto capital de investimento, *know-how* pouco encontrado no mercado etc.

A respeito da ênfase da escola econômica de Chicago sobre o valor eficiência, destaca Calixto Salomão Filho:

---

[103] POSNER, Richard A. *Economic analysis of law*. Boston: Little Brown, 1973.

ORDEM CONSTITUCIONAL ECONÔMICA

Para os teóricos neoclássicos, esse valor se sobrepõe e elimina qualquer outro objetivo que possa ter o direito concorrencial, inclusive a própria existência da concorrência. Os teóricos neoclássicos de Chicago não hesitam em admitir a existência de monopólios ou de restrições à concorrência, caso esses sejam instrumentais relativamente ao objetivo definido: a maximização da eficiência.[104]

Cabe destacar que, segundo a escola de Chicago, o modelo de estruturação concentrada do mercado seria benéfico para o próprio consumidor. Ora, sendo esta a forma de produção mais eficiente, apta a produzir a custos mais baixos, acarretaria necessariamente a baixa igualmente dos preços. Segundo o professor Calixto Salomão Filho, para os teóricos de Chicago, a defesa do consumidor e a defesa da concorrência não poderiam conviver.[105]

Em orientação diversa, a "escola de Harvard", por sua vez, não possuía ênfase tão acentuada sobre a ideia de eficiência, apresentando maior preocupação com a efetiva existência de concorrência. Centrava-se a escola, primordialmente, em uma análise sobre as estruturas do mercado.

Nesse sentido, para esta escola, deveriam ser evitadas as excessivas concentrações de poder no mercado, buscando-se um modelo de "competição saudável". Para tal, apresentava-se fundamental a manutenção ou mesmo o incremento do número de agentes econômicos no mercado, visando-se a uma estrutura pulverizada. Assim, a concorrência é buscada como o próprio fim a ser alcançado.

Num modelo distinto daqueles albergados pelas duas escolas citadas, se encontra o da concorrência-instrumentalidade.

[104] SALOMÃO FILHO, Calixto. *Direito concorrencial*: as estruturas. 2. ed. São Paulo: Malheiros 2002. p. 23.
[105] Ibid., p. 25.

Por este posicionamento, não se defende a concentração econômica dos moldes teóricos de Chicago, mas sim a concorrência. Todavia, não possui a concorrência fim em si mesma, não sendo sempre desejável a pulverização do mercado entre inúmeros agentes sob o modelo pugnado pela escola de Harvard. O fato é que se deve, evidentemente, buscar uma síntese entre os posicionamentos expostos. Neste sentido, encontra-se equivocada a escola de Chicago ao defender exacerbadamente a concentração econômica em busca da eficiência, negando em caráter absoluto os benefícios trazidos pela livre concorrência. Não é difícil perceber os riscos e perigos de sujeitarem-se os consumidores e a coletividade em geral à concentração de poder, passível de ser exercida abusivamente e sem limites. Assim, deve a livre concorrência ser regra, sim, limitando a livre iniciativa em seu exercício abusivo. A respeito dos inequívocos benefícios trazidos em regra pela livre concorrência, explana Carlos Emmanuel Joppert Ragazzo:

> [...] é consenso em diversos países que a economia de mercado com a garantia de livre concorrência é a melhor forma de maximizar o bem-estar social (ou, em termos mais adequados, a eficiência econômica). E isso se dá de diferentes formas. A concorrência aumenta a eficiência alocativa, a eficiência produtiva e a capacidade de inovação dos mercados [...].[106]

Nada obstante, se a livre concorrência se mostra, em regra, extremamente necessária ao interesse dos consumidores e da coletividade em geral, a mesma necessidade pode recair justamente sobre a concentração econômica no mercado. Ocorre que, em

---

[106] RAGAZZO, Carlos Emmanuel Joppert. "Notas introdutórias sobre o princípio da livre concorrência", 2005, op. cit., p. 2.

ORDEM CONSTITUCIONAL ECONÔMICA

certas situações, a concentração de fato se mostra imprescindível para permitir o desempenho de determinada atividade, como nos casos de monopólio natural, precisamente nos moldes da escola de Chicago. Nestas hipóteses, a concentração se torna necessária e desejada, justamente por trazer, conforme preceituava a escola de Chicago, maior eficiência. Evidente que a não prestação como um todo das atividades é que constituiria situação contrária aos interesses do consumidor e da coletividade. Confira-se a lição de Carlos Emmanuel Joppert Ragazzo:

> Ao contrário do que se pensa, o modelo de livre concorrência não se preocupa necessariamente em manter um grande número de agentes no mercado, como se pode inferir da situação hipotética de concorrência perfeita – comumente considerada como o ideal de livre concorrência – em que há vários compradores e vendedores, todos eles tomadores de preço (incapazes de influenciar preço). Existem estruturas de mercado que são mais eficientes (ou seja, maximizam o bem-estar dos consumidores) com um número menor de agentes econômicos; em casos específicos, a melhor estrutura é o monopólio natural.[107]

Dessa forma, apresenta-se a livre concorrência regida pela instrumentalidade. Deve a mesma ser tutelada quando e à medida que garantir proteção aos interesses do consumidor, bem como outros consagrados pela Carta Magna. Neste caso, pode a livre concorrência condicionar a livre iniciativa. Todavia, em sentido oposto, quando os interesses da coletividade impuserem justamente a concentração – e esses casos de fato existirem –, não deve a livre concorrência constituir barreira. Se necessário,

---

[107] Ibid., p. 3.

até mesmo o estímulo à concentração poderia ser criado, mediante requisitos que dificultassem a entrada de novos agentes no setor.[108]

Calixto Salomão Filho destaca duas tendências contemporâneas a indicar posicionamentos antagônicos a serem adotados pelas políticas de direito concorrencial e antitruste: a globalização e o surgimento dos mercados regionais.[109] A globalização, segundo o professor, estimularia a permissividade em face das concentrações econômicas. Isso porque, para que determinada empresa possua capacidade de competir em nível internacional com as grandes multinacionais, deve angariar enorme poder econômico, sendo de extrema relevância a concentração para sucesso da empreitada.

Em sentido oposto, o surgimento de mercados regionais, como o Mercosul, aponta para a defesa da livre concorrência e vedação à concentração de poder. Primeiramente porque surge um compromisso dos Estados pactuantes de não permitir violação econômica às empresas dos países vizinhos. Além disso, com o mercado regional, o mercado de atuação garantida por proteções alfandegárias cresce, reduzindo-se a necessidade de alto poder econômico, em sentido inverso ao da hostil competição da globalização.

Por fim, perceba-se que a discussão a respeito dos diferentes objetivos inerentes às leis antitruste e ao direito concorrencial permanece atualíssima. A rigor, inerente à discussão mencionada, encontra-se verdadeiramente o desempenho de políticas

---

[108] Com efeito, a livre concorrência é um princípio, e como tal pode ser ponderado; mas não é apenas um instrumento de política pública, é um valor constitucionalmente consagrado. Por outro lado, seu conceito não é estático – pois não implica, por exemplo, precisar o número de empresas que entrarão no mercado –, mas dinâmico, isto é, envolve a análise de barreiras à entrada, a potencialidade de contestação do mercado por novos entrantes, inclusive mediante importações etc.

[109] SALOMÃO FILHO, Calixto. *Direito concorrencial*, 2002, op. cit., p. 40.

econômicas pelo poder público. Uma política econômica que visa à concentração do mercado em poucos agentes, como forma de buscar seu fortalecimento, tende a adotar pequena tutela ao princípio da livre concorrência – bem díspar da política econômica voltada à manutenção da pluralidade de agentes econômicos, que garantirá ampla aplicação da livre concorrência. A dispersão do poder econômico, traduzida no princípio da livre concorrência, de todo modo, é uma determinação constitucional e deve orientar a elaboração e implementação de políticas públicas de acordo com a Constituição de 1988.

A concorrência no Brasil: Lei nº 4.137/1962; Lei nº 8.158/1991; Lei nº 8.884/1994; Lei nº 12.529/2011

Uma vez explanados os objetivos atribuíveis ao direito concorrencial, bem como analisados seus mecanismos de funcionamento e interfaces com os diversos princípios tutelados pela Constituição, passa-se a examinar a evolução do tema na história do direito pátrio.

É certo que as constituições de 1824 e 1891 não faziam menção à possibilidade de intervenção estatal no mercado. Tampouco as cartas de 1934 e 1937 estipulavam a função estatal de garantia da liberdade de mercado. Na Constituição de 1937, deve-se destacar o art. 141, que dispunha sobre crimes contra a economia popular. Tal dispositivo foi regulamentado pelo Decreto nº 869/1938, destinado a combater o abuso econômico.

Em 1945, o Decreto-Lei nº 7.666, fruto de projeto de Agamemnon Magalhães, trouxe a criação da Comissão Administrativa de Defesa Econômica (Cade).

Posteriormente, já em 1962, sob a égide da Constituição de 1946, surge a Lei nº 4.137, também de Agamemnon Magalhães e que criava, em seu art. 8º, o Conselho Administrativo de Defesa

Econômica (Cade). Destacava o art. 148 da Constituição então em vigor o intuito de reprimir o abuso de poder econômico que tivesse por fim "dominar mercados nacionais, eliminar a concorrência e aumentar arbitrariamente os lucros". A associação de empresas à luz da Lei nº 4.137/1962 seria considerada ilícita se (e somente se) produzisse determinado resultado ou objetivo que estivesse tipificado em lei. Deve-se ressaltar o art. 74 desse diploma legal, segundo o qual havia a necessidade, *a posteriori*, de aprovação e registro no Cade dos

> atos, ajustes, acordos ou convenções entre as empresas, de qualquer natureza, ou entre pessoas ou grupo de pessoas vinculadas a tais empresas ou interessadas no objeto de seus negócios, que tenham por efeito [...] [a diminuição do grau de concorrência no mercado em questão].

Durante a ditadura militar, havendo fortíssima intervenção estatal sobre a economia, não cabe nem mesmo fazer grandes considerações a respeito da livre concorrência.

Finalmente, com o advento da Constituição Federal de 1988, além da já analisada previsão do princípio setorial da livre concorrência entre os incisos do art. 170, previu-se expressamente a respeito de um sistema de defesa da concorrência nos seguintes termos do art. 173, §4º: "A lei reprimirá o abuso do poder econômico que vise à dominação dos mercados, à eliminação da concorrência e ao aumento arbitrário dos lucros".

O dispositivo transcrito constitui a base constitucional sobre a qual se estrutura o Sistema Brasileiro de Defesa da Concorrência (SBDC). Surgiram, já sob a Carta de 1988, as leis nº 8.002/1990 e nº 8.158/1991, esta última criada como fruto da ascensão de novo governo, que alardeava a abertura do mercado brasileiro e a liberalização da economia. O mercado deveria, portanto, se autorregular. Destaca-se, naquele momento, a criação da Secretaria Nacional de Direito Econômico (SNDE), que passaria a dar suporte pessoal e administrativo ao Cade, incrementando a qualidade técnica de suas decisões. Ambas foram revogadas pela Lei nº 8.884/1994, que passou a disciplinar, na ocasião, a repressão ao abuso econômico e prevenção de concentração do poder. Atualmente, a referida legislação não mais está em vigor, após a promulgação da Lei nº 12.529/2011, que passou a viger a partir de junho de 2012 e instituiu uma nova política de defesa da concorrência, conforme será visto.

Sistema da Lei Antitruste brasileira

Sistema Brasileiro de Defesa da Concorrência segundo a Lei nº 8.884/1994: instituições principais

O atual Sistema Brasileiro de Defesa da Concorrência (SBDC) possui fundamento constitucional direto no art. 173, §4º, da CRFB, devendo o Estado coibir o abuso nocivo do poder econômico, bem como defender a livre concorrência. Isso tudo segundo a lógica de objetivos e benefícios acarretados por esse princípio, como visto acima.

Em âmbito infraconstitucional, a matéria foi desenvolvida pela Lei nº 8.884/1994 (hoje, já revogada pela Lei nº 12.529/2011). A estrutura do Sistema Brasileiro de Defesa da Concorrência, pautada na citada lei, encontra-se baseada na existência de três instituições principais, a saber, o Conselho Administrativo de Defesa Econômica (Cade); a Secretaria de Acompanhamento Econômico (Seae); e a Secretaria de Direito Econômico (SDE).

A Lei nº 8.884/1994 elevou o Cade, que já havia sido instituído conforme legislação anterior apresentada, ao *status*

de autarquia federal. Tal transformação dotou a instituição de maior autonomia.

Podem-se destacar duas ordens de atuação principais do Cade, que constituirão as duas formas de funcionamento do sistema brasileiro de defesa da concorrência: uma atuação preventiva e outra repressiva, no combate ao abuso do poder econômico. Trata-se de órgão julgador no âmbito administrativo.

A Secretaria de Acompanhamento Econômico (Seae) e a Secretaria de Direito Econômico (SDE), por seu turno, possuíam importante papel como instituições auxiliares do Cade. Enquanto a Seae constituía órgão do Ministério da Fazenda, a SDE podia ser classificada como órgão do Ministério da Justiça. Ambas se destacavam na função de aumentar a qualidade técnica das decisões do Cade. Neste sentido, realizavam avaliações prévias à instauração de processos, procediam à instrução daqueles instalados, bem como apresentavam parecer não vinculativo opinando a respeito do futuro julgamento do conselho. Tudo isso aumentava evidentemente a tecnicidade das decisões.

O âmbito de incidência da Lei nº 8.884/1994 e paralelos com a Lei nº 12.529/2011. Os sujeitos. Atuação preventiva e repressiva na defesa da concorrência. A prevenção aos atos de concentração e repressão aos ilícitos econômicos

A Lei nº 8.884/1994 possuía amplo âmbito de atuação no que diz respeito aos sujeitos submetidos à sua dinâmica. Neste sentido, segundo o preceituado pelo art. 15 da Lei Antitruste então em vigor, a mesma se aplicava "às pessoas físicas ou jurídicas, de direito público ou privado, bem como a quaisquer associações de entidades ou pessoas, constituídas de fato ou de direito", o que foi mantido pela nova lei (art. 31 da Lei nº 12.529/2011). Isto ainda que temporariamente constituídas, com ou sem personalidade jurídica, e mesmo que exerçam atividade sob o regime de monopólio legal.

Percebe-se inequivocamente que a intenção do legislador de outrora, bem como do atual, é a de propositadamente abarcar as mais diversas hipóteses, antevendo a eventual possibilidade de fraude à aplicação do sistema de defesa da concorrência mediante a utilização de brechas tipicamente encontradas em leis de previsões fechadas. No mesmo contexto podia ser entendido o art. 17 da Lei nº 8.884/1994 que, versando sobre a responsabilidade por ilícitos econômicos, afirmava serem "solidariamente responsáveis as empresas ou entidades integrantes de grupo econômico, de fato ou de direito, que praticarem infração à ordem econômica". No mesmo sentido, o art. 33 da Lei nº 12.529/2011, com a ressalva de que, na atual Lei Antitruste, fala-se em "quando uma delas" praticar infração.

Quanto ao âmbito de incidência da Lei nº 8.884/1994 no que diz respeito às modalidades de atuação do sistema de defesa da concorrência, como já adiantado, pode-se destacar tanto uma atuação preventiva quanto outra repressiva.

A primeira grande modalidade de atuação do Conselho Administrativo de Defesa Econômica (Cade) consiste no julgamento dos denominados atos de concentração. Tais atos, como o próprio nome adianta, são aqueles que possam representar aptidão a gerar concentração de poder econômico no mercado. Esta concentração, se excessiva, pode acarretar a eliminação da livre concorrência e trazer graves prejuízos aos consumidores e à coletividade em geral, razão pela qual devem os atos em tela receber aprovação do Cade.

O Cade pode analisar os atos de concentração antes de sua realização (tarefa esta que, como será visto, é a grande forma de atuação do Cade com a nova legislação) quando a autarquia é instigada a se manifestar a respeito da possibilidade ou não de realização do ato de concentração no futuro. Dessa forma, com base nos dados estruturais do mercado, especificamente os que dizem respeito ao setor no qual ocorrerá o ato potencialmente concentrador, busca o Cade fazer uma previsão dos efeitos que seriam pelo mesmo trazidos.

Perceba-se, portanto, a alta necessidade de conhecimento técnico pelo Cade (no que é de extrema valia o auxílio das secretarias) para desempenhar bem suas funções, necessidade esta que passa a ser mais bem-atendida com as inovações introduzidas pela nova legislação, como veremos. Examinará o conselho, por exemplo, a existência ou não de barreiras no setor que dificultem a entrada no mercado de novos agentes a desempenhar aquela atividade. Da mesma forma, indagará a respeito da possibilidade de importação de produtos semelhantes e da fidelidade dos consumidores somente àquela marca específica, no intuito de saber se haveria produtos substitutivos daqueles atingidos pela concentração. E, finalmente, buscará descobrir a "elasticidade" do mercado.

Entendendo o Cade que o ato de concentração acarretará graves danos ao mercado, aos consumidores, ao bem comum e a interesses tutelados pelo ordenamento, poderá restringir sua prática. Caso a questão seja levada a seu exame antes da prática do ato de concentração, o que acontece com o novo marco regulatório do sistema de defesa da concorrência brasileira, pode o Cade determinar certas condições para que a realização do mesmo seja permitida, como a suspensão de fornecimento de determinada marca por certo período, o oferecimento de *know-how* a outras empresas do setor etc. Caso o ato seja extremamente prejudicial, pode o Cade decidir mesmo por sua não realização como um todo. Tratando-se de ato já realizado quando do julgamento, pode o Cade determinar sua desconstituição.

Ainda sobre o julgamento, pelo Cade, dos atos de concentração, interessante discussão a ser destacada diz respeito ao critério mais adequado para a aprovação de um ato de concentração, se a maximização do bem-estar total ou o excedente do consumidor.

A teoria econômica alude a dois critérios para concluir sobre a possibilidade de aprovação de um ato de concentração com potencial para restringir a concorrência: o critério de Williamson e o critério do *price standard*.[110] De acordo com o primeiro, a teoria antitruste guarda uma preocupação intrínseca com a busca da maximização total do bem-estar social, englobando indistintamente os excedentes do produtor e do consumidor, os quais podem ser definidos nos seguintes termos:

❑ O *excedente do consumidor* refere-se ao valor, acima daquele efetivamente pago, que um consumidor estaria disposto a pagar por uma unidade de determinado produto para viabilizar seu consumo. O total desse excedente pode ser definido como a soma das diferenças relativamente a cada consumidor individual e calculado a partir da curva de demanda do produto em questão.[111]

❑ O *excedente do produtor*, por sua vez, alude à diferença entre a curva da oferta e o preço de mercado. Dessa forma, pelo modelo de Williamson, atos de concentração que propiciem o aumento de preço ao consumidor podem ser aprovados, desde que a decorrente perda de bem-estar do consumidor seja integralmente compensada por uma redução dos custos do produtor.

[110] OLIVEIRA, Gesner; RODAS, João Grandino. *Direito e economia da concorrência*. Rio de Janeiro: Renovar, 2004. p. 125.
[111] SCHUARTZ, Luis Fernando. Ilícito antitruste e acordos entre concorrentes. In: POSSAS, Mario (Coord.). *Ensaios sobre economia e direito da concorrência*. São Paulo: Singular, 2002. p. 100.

Já para a corrente que adota o critério do *price standard*, a aprovação de um ato de concentração exigiria sempre que *não* houvesse risco de redução do excedente do consumidor no momento pós-operação.

De acordo com Gesner Oliveira e João Grandino Rodas, segundo a revogada Lei nº 8.884/1994, "a legislação [brasileira] não é precisa acerca de qual critério deva ser adotado".[112] Entretanto, uma vez que o art. 54, §1º, II, da Lei nº 8.884/1994 exigia que "os benefícios decorrentes sejam distribuídos equitativamente entre os seus participantes, de um lado, e os consumidores ou usuários finais, de outro", haveria uma tendência a se considerar que o legislador brasileiro teria adotado o modelo do *price standard*.

Outra grande modalidade de atuação do Conselho Administrativo de Defesa Econômica é o julgamento dos ilícitos econômicos. Alguns tópicos concernentes à responsabilidade por infração à ordem econômica devem ser destacados por sua relevância. Primeiramente, deve-se ressaltar a explicitação, tanto na lei revogada quanto na atual, dos efeitos negativos presentes nos atos infratores da ordem econômica. Neste sentido, violam a ordem econômica os atos cujos efeitos sejam aqueles enumerados nos incisos do art. 36 da Lei nº 12.529/2011 (art. 20 da Lei nº 8.884/1994).

Importante frisar que basta que o ato se encontre potencialmente apto a acarretar os efeitos indesejados previstos nos incisos. Conforme preceitua o *caput* do artigo, "ainda que não sejam alcançados" os efeitos, desde que o ato realizado pudesse fazê-lo, encontra-se configurada a infração. Não se exige, portanto, ocorrência de dano concreto, mas tão somente do perigo trazido pelo ato.

---

[112] OLIVEIRA, Gesner; RODAS, João Grandino. *Direito e economia da concorrência*, 2004, op. cit., p. 127.

Outra questão igualmente relevante na identificação do ato apto a configurar as infrações em tela diz respeito à previsão aberta da forma do mesmo, segundo o *caput* do artigo. Acarretando os efeitos enumerados nos incisos – efeitos estes enunciados em linguagem aberta e apta a abarcar grande conteúdo –, constituem infrações à ordem econômica os atos "sob qualquer forma manifestados".

Neste sentido, incluem-se simples trocas de informações, cartas de intenção, acordos, contratos, memorandos de entendimentos, consórcios e acordos de acionistas etc.

Por fim, e talvez o mais importante, além de poder o ato infrator à ordem econômica se revestir de qualquer forma, bem como ser exigida a mera possibilidade de acarretarem-se seus efeitos negativos, não se exige a presença de culpa para a configuração da infração. A própria Lei nº 8.884/1994, em seu art. 20, já instituía um sistema de responsabilidade objetiva pela prática de atos aptos a gerar efeitos potencialmente danosos à ordem econômica, o que foi mantido pela Lei nº 12.529/2011.

Em suma, um dos nortes de atuação das autoridades concorrenciais reside na preocupação com a proteção ao consumidor, instituído como princípio da ordem econômica, tanto em nível constitucional (art. 170, V) quanto infraconstitucional, eis que previsto tanto na Lei nº 8.884/1994 quanto na atual Lei nº 12.529/2011, as quais, visando à prevenção e à repressão do poder econômico, trazem em seu seio o dever de observância da proteção ao consumidor.[113]

---

[113] "Art. 1º. Esta lei dispõe sobre a prevenção e a repressão às infrações contra a ordem econômica, orientada pelos ditames constitucionais de liberdade de iniciativa, livre concorrência, função social da propriedade, defesa dos consumidores e repressão ao abuso do poder econômico."

Principais inovações da Lei nº 12.529/2011 no Sistema Brasileiro de Defesa da Concorrência. Aspectos introdutórios

A nova Lei Antitruste brasileira criou um novo sistema de defesa da concorrência em nosso ordenamento jurídico ao revogar dispositivos da Lei nº 8.884/1994, além de inovar em alguns aspectos considerados essenciais pelos estudiosos do assunto.

Com efeito, a Lei nº 8.884/1994 já vinha, há muito tempo, enfrentando inúmeras críticas que, depois de muito debate nas casas legislativas, acabaram levando à promulgação da nova lei. Entre essas críticas, citava-se comumente a baixa eficiência do sistema atual de defesa da concorrência, que acaba tornando-o ineficiente e moroso, gerando um custo burocrático para as empresas e riscos para o ambiente competitivo.[114] Diante desse cenário, a nova legislação foi promulgada com o objetivo central de trazer uma maior celeridade e eficácia às decisões tomadas pelo Cade, instituindo mudanças significativas na sua forma de atuação e, consequentemente, do SBDC.

---

[114] As principais críticas feitas à Lei nº 8.884/1994 e que ensejaram os debates para a aprovação de um novo marco regulatório da defesa da concorrência são: "(i) a existência de dois órgãos para o Cade, gerando redundância de atribuições e retrabalhos; (ii) o critério que define quais operações de fusão e aquisição devem ser submetidas ao Sistema Brasileiro de Defesa da Concorrência (SBDC) é extremamente amplo; (iii) o Cade aprecia e julga todos os casos (de fusão e aquisição e de condutas anticompetitivas), prejudicando o foco nos casos realmente complexos; (iv) a análise das fusões e aquisições é feita *a posteriori*, ou seja, as empresas podem consumar a operação antes do julgamento pelo Cade, o que cria incentivos de procrastinação na apresentação de informações durante a fase de instrução do processo de análise dessas operações; (v) a ineficiência na análise de fusões e aquisições impede a alocação de recursos para priorizar a investigação de condutas anticompetitivas e a promoção da concorrência [...]; e (vi) a falta de estabilidade do corpo técnico e o curto mandato dos Conselheiros gera uma taxa de alta rotatividade, o que dificulta a formação e o acúmulo de expertise no SBDC" (AUGUSTO, Flavia Sulzer. A reforma da lei de defesa da concorrência. *Cerqueira Leite Advogados Associados*, São Paulo, 7 jan. 2011. Disponível em: <www.cerqueiraleite. com.br/news/5346/26/A-Reforma-da-Lei-de-Defesa-da-Concorrencia.html>. Acesso em: 15 fev. 2012).

Neste contexto, pode-se afirmar que a Lei nº 12.529/2011 trouxe três mudanças principais no Sistema Brasileiro de Defesa da Concorrência, a saber: (i) "a introdução de um sistema de notificação prévia de atos de concentração", substituindo a atual sistemática, então vigente, de análise *a posteriori*; (ii) "a modificação dos critérios para submissão dos atos de concentração", tornando-os mais objetivos; e (iii) "a unificação das autoridades de defesa da concorrência", centralizando as tomadas de decisão e garantindo um corpo técnico comprometido.[115]

O sistema atual de controle prévio dos atos de concentração é celebrado, dentre os especialistas, como uma das mais importantes contribuições da nova legislação. Ao revogar expressamente o prazo de 15 dias após a realização da operação para a análise pelo Cade acerca da existência de ato de concentração e introduzir a previsão de que as operações sejam submetidas ao Cade antes da consolidação pelas partes (art. 88, §2º),[116] a Lei nº 12.529/2011 colocou nosso sistema de defesa da concorrência em paridade com os regulamentos antitruste de outros países, contribuindo para trazer maior efetividade às decisões proferidas.[117]

Quanto à modificação dos critérios para submissão dos atos de concentração, é de se notar que a nova lei conferiu maior objetividade aos mesmos, ao estabelecer, através de seu art. 88, incisos I e II, que

---

[115] ZIEBARTH, José Antonio Batista de Moura. A nova legislação brasileira de defesa da concorrência: perspectivas e desafios. Comentários à Lei 12.529/2011. *Revista do Ibrac*: direito da concorrência, consumo e comércio internacional, São Paulo, ano 18, v. 20, p. 524, jul./dez. 2011.

[116] "Art. 88. Serão submetidos ao Cade pelas partes envolvidas na operação os atos de concentração econômica em que, cumulativamente: [...] §2º. O controle dos atos de concentração de que trata o caput deste artigo será prévio e realizado em, no máximo, 240 dias, a contar do protocolo de petição ou de sua emenda." Este prazo, contudo, pode ser dilatado por até 60 dias, por requisição das partes envolvidas, ou por 90 dias, por deliberação do Tribunal Administrativo.

[117] Fonte: <www.parana-online.com.br/colunistas/237/89990/?postagem=A+NOVA +LEI+DE+DEFESA+DA+CONCORRENCIA> Acesso em: 15 fev. 2012.

apenas os atos de concentração em que uma das empresas tenha faturamento anual acima de R$ 400 milhões, e a outra acima de R$ 30 milhões, é que deverão ser submetidos ao Cade, independente do percentual que concentrem no mercado.[118]

Tais critérios, segundo José Antonio Batista de Moura Ziebarth, tornam o procedimento de análise dos atos de concentração não apenas mais objetivos, como também mais transparentes, para todos os envolvidos, sejam partes privadas, sejam autoridades do governo.[119]

A unificação das autoridades de defesa da concorrência, por sua vez, reflete mudanças importantes na própria estrutura do Cade e do SBDC. Assim, no que tange ao SBDC, há uma alteração no seu desenho institucional, deixando a Secretaria de Acompanhamento Econômico (Seae) de atuar na análise dos atos de concentração e passando a atuar na advocacia da concorrência, ao passo que o Departamento Antitruste da Secretaria de Direito Econômico (SDE) e o Cade passaram a ser uma única autoridade. Quanto a este, adquire o mesmo ares de uma "superautarquia", ao absorver algumas competências da SDE e da Seae, sendo composto por dois órgãos internos: o Tribunal Administrativo e a Superintendência-Geral. Enquanto o primeiro é o "órgão decisório encarregado das decisões finais sobre os atos de concentração que não são apurados pela Superintendência-Geral", esta é responsável pelas investigações de práticas anticompetitivas, tendo o poder de decidir em atos de concentração.[120] Assim, com a citada unificação dos órgãos, serão criados 200 novos cargos no Cade, o que irá garantir uma

[118] Ibid.
[119] ZIEBARTH, José Antonio Batista de Moura. "A nova legislação brasileira de defesa da concorrência", 2011, op. cit., p. 524.
[120] Ibid., p. 525.

equipe de técnicos permanente na autarquia, fator "essencial para permitir o bom e regular funcionamento de um sistema de análise prévia de atos de concentração".[121]

No que tange à investigação e à punição das infrações à ordem econômica, a Lei nº 12.529/2011 discriminou com mais detalhes a lista de condutas anticoncorrenciais, em seu art. 36, incluindo entre tais o abuso a direitos de propriedade industrial, intelectual, tecnologia e marca como prática proibida. Apesar de aumentar substancialmente seus espectros de condutas anticoncorrenciais, a nova legislação diminuiu o valor da multa para tais práticas, que passou a ser de, no máximo, 20% do faturamento bruto da empresa/grupo (art. 37, I), enquanto a legislação então em vigor estabelecia o teto em 30% do faturamento bruto. Por outro lado, a multa em espécie, para os casos em que não seja possível o cálculo de percentual em cima do faturamento, foi aumentada, assim como a multa para o administrador da empresa que tenha comprovadamente agido com dolo ou culpa (art. 37, II).

Após o introdutório estudo das inovações trazidas pela Lei nº 12.529/2011, ora realizado, podem-se extrair algumas conclusões. Assim, segundo José Antonio Batista de Moura Ziebarth,

> a nova legislação contribui fortemente para a modernização e melhoria do Sistema Brasileiro de Defesa da Concorrência, ainda que seja possível afirmar que contribuições adicionais poderiam ter sido incluídas nesse novo texto.

A nova legislação enfrenta problemas críticos da atual política antitruste brasileira, como as ineficiências decorrentes da existência de três diferentes agências encarregadas da aplicação

---

[121] Ibid., p. 525. Cite-se que, atualmente, o Cade não possui mais de 30 servidores para trabalhar nos casos a ele submetidos.

da legislação de defesa da concorrência e as dificuldades relacionadas à inexistência de recursos humanos permanentes.[122]

Além disso, assume relevo a questão ligada ao controle prévio dos atos de concentração que, segundo José Antonio Batista de Moura Ziebarth, é "um ponto essencial da melhoria da mudança institucional" introduzida pelo novo marco regulatório, ao ter como objetivo "reduzir o tempo de análise e tornar mais eficiente o exame dessas operações e a aplicação dos recursos dessa política".[123]

Nada obstante, os desafios práticos para a implementação dessa nova política de concorrência são grandes, o que demandará uma atuação muito mais célere e eficaz do Cade, ensejando ainda muitas discussões sobre o tema, impossíveis de serem esgotadas no presente estudo.

Questões de automonitoramento

1. Após ler este capítulo, você é capaz de resumir o caso gerador do capítulo 7, identificando as partes envolvidas, os problemas atinentes e as soluções cabíveis?
2. Constitui a livre iniciativa princípio absoluto? Relacione a mesma com a interferência estatal sobre as atividades desempenhadas pelos particulares.
3. Relacione livre iniciativa com livre concorrência.
4. Quais as principais distinções entre a escola de Chicago e a escola de Harvard em seus posicionamentos a respeito da livre concorrência?
5. A livre concorrência acarreta necessariamente benefícios ao consumidor e ao bem comum? Pode um regime monopolista

[122] Ibid., p. 525.
[123] Ibid., p. 526.

ou de extrema concentração se apresentar desejável? Caso sim, em que fundamentação?

6. Como se estrutura o atual Sistema Brasileiro de Defesa da Concorrência? Quais suas principais instituições e modalidades de atuação? Quais são as principais inovações da nova legislação?

7. Pense e descreva, mentalmente, alternativas para a solução do caso gerador do capítulo 7.

4

Agências reguladoras

Roteiro de estudo

*O pano de fundo histórico: contextos de surgimento
das agências reguladoras independentes no Brasil
e nos Estados Unidos da América*

A busca das origens dos institutos jurídicos, bem como o estudo dos contextos históricos em que os mesmos surgiram, apresentam-se, muitas vezes, de grande valia para o jurista. As circunstâncias sociais e os *fatores* da realidade que impulsionam a criação de institutos revelam justamente as razões pelas quais estes foram construídos, sendo consequência lógica dessas razões a compreensão da estrutura e das funções conferidas a tais institutos no ordenamento.

Saber as características e necessidades imperativas do contexto de surgimento dos institutos provavelmente significa saber igualmente a razão pela qual os mesmos foram criados. Nesta linha, coerentemente se encaixam a estrutura sobre a qual o instituto foi erigido, assim como as funções que se pretende sejam exercidas por ele.

A rigor, inclusive, uma das principais finalidades do direito comparado consiste justamente na busca pela melhor compreensão das instituições jurídicas do ordenamento pátrio mediante o estudo dessas instituições em ordenamentos alienígenas que possuam origem comum.

Da mesma forma, há casos em que a análise do ordenamento em que o instituto jurídico importado foi criado demonstrará absoluta discrepância com as circunstâncias presentes no contexto do âmbito nacional. Nessas situações, a simples importação acrítica dos institutos, sem as devidas adaptações, corre sérios riscos de "rejeição" pelo corpo jurídico, como ocorreria em um transplante entre seres humanos de tecidos incompatíveis.

As agências reguladoras possuem local de nascimento certo. Embora tenham posteriormente se espalhado mundo afora, tais agências surgem inegavelmente nos Estados Unidos da América. Aponta-se como primeiro exemplo de agência reguladora a Interstate Commerce Commission (ICC), criada em 1887 com o intuito de regular o setor de transporte ferroviário.

O surgimento da ICC em 1887, entretanto, assim como o da Federal Trade Commission (FTC), em 1914, e o da Federal Radio Comission, em 1926, representou situação meramente casuística e pontual, não o real advento de uma reestruturação estatal com base nas novas agências.

O verdadeiro contexto de surgimento das agências reguladoras nos Estados Unidos ocorre somente no período do *New Deal*. Dados eloquentes na confirmação do afirmado são trazidos pelo professor Gustavo Binenbojm:

> Com efeito, apenas onze agências foram criadas entre a elaboração da Constituição e o fim da Guerra Civil; seis surgiram entre 1865 e a virada do século; nove foram constituídas entre 1900

e a Primeira Guerra; outras nove apareceram entre 1918 e a Grande Depressão de 1929; enquanto nada menos que dezessete foram erigidas entre 1930 e 1940, período de implementação do *New Deal*.[124]

No período 1930-1940, proliferam de forma bastante expressiva inúmeras agências reguladoras, momento histórico em que surgem verdadeiramente as agências. Não mais somente em casos específicos e destinadas a regular determinado setor excepcional, mas como consequência da reestruturação da própria ordem econômica norte-americana e da redefinição do papel estatal nessa seara.

Explica-se. A ordem econômica dos Estados Unidos sempre foi marcada por um altíssimo grau de liberdade. Não seria exagero afirmar-se representar a História do Estado norte-americano paradigma mundial do modelo de Estado absenteísta e de proteção às liberdades individuais.

Como se sabe, remonta a Constituição americana ao ano de 1787, fruto indissociável da independência das colônias britânicas. Nasce a mesma amplamente influenciada pelos ideais libertários da contemporânea Revolução Francesa de 1789. Batalhava-se, à época, pelo fim do Estado absolutista, de poder ilimitado sobre os súditos. No caso das colônias americanas, pelo término dos desmandos do Estado metrópole.

A vitória das revoluções liberais, portanto, como não poderia deixar de ser, desaguou no advento de modelo estatal precisamente simétrico àquele que se acabara de derrubar. Há uma grande preocupação com a contenção do poder estatal;

[124] BINENBOJM, Gustavo. *Agências reguladoras independentes e democracia no Brasil*. In: _____ (Coord.). *Agências reguladoras e democracia*. Rio de Janeiro: Lumen Juris, 2006. p. 90.

defendem-se a separação de poderes[125] e os princípios-garantia como a legalidade; surgem os direitos individuais ou de primeira dimensão.

Estes últimos caracterizam-se por tutelarem os valores de liberdade, protegendo direitos individuais. São formulados os direitos individuais, neste momento, justamente como direitos subjetivos dos indivíduos de exigir abstenções do Estado, condutas de *non facere* pelo poder público.[126]

Tais ideais revolucionários tiveram como consequência lógica a estruturação de um Estado mínimo, destinado unicamente à manutenção da segurança, sendo-lhe vedadas, em regra, quaisquer intervenções sobre as esferas dos particulares. No âmbito da ordem econômica não foi diferente. Estruturou-se o Estado norte-americano em perfeita conformidade com os preceitos absenteístas. Dessa forma, instituiu-se a livre iniciativa como fundamento supremo da economia. O poder público não deveria intervir sobre o livre desempenho das atividades econômicas pelos particulares.[127]

Deve-se ressaltar que a vedação de intervenção estatal sobre as relações econômicas chegou, inclusive, a ser adotada pela Suprema Corte em caráter quase absoluto.[128]

---

[125] A separação de poderes, segundo Montesquieu, teria papel fundamental em impedir o uso excessivo do mesmo. A História, afirma, teria já demonstrado a tendência de o detentor do poder de forma concentrada o utilizar de forma abusiva. Cf. MONTESQUIEU, Charles de Secondat. *De l'espirit des lois*. Paris: Garnier, 1956.

[126] Atualmente, fortes críticas são formuladas pela doutrina a respeito de conterem os direitos de primeira dimensão unicamente preceitos de abstenção. Por todos na doutrina nacional, ver GALDINO, Flávio. *Direitos não nascem em árvores: o custo dos direitos*. Rio de Janeiro: Lumen Juris, 2005.

[127] Esta estrutura jurídica, por sua vez, refletia nitidamente o liberalismo econômico de Adam Smith, em que o mercado se autorregularia com perfeição ("por sua mão invisível"). Ficou famoso o lema *"laissez faire, laissez passer, le monde va à lui-même"*, ao se referir à não intervenção estatal sobre as relações econômicas.

[128] A Suprema Corte norte-americana, por longo período, sistematicamente declarava inconstitucionais todas as leis criadas pelo governo no intuito de intervir sobre as relações econômicas. Este período ficou conhecido como a "era Lochner", assim designada

Ocorre, todavia, que o mercado capitalista era, sim, imperfeito. A História encarregou-se de provar a existência de inúmeras falhas no absoluto liberalismo econômico. O ápice negativo do sistema deu-se com a crise de 1929, que se prolongou pelos anos 1930 e impunha a necessidade de intervenção estatal sobre a economia em alguma medida. Nesse momento notabilizou-se o governo Roosevelt, que passou a adotar diversas medidas[129] que alargavam a atuação estatal sobre o domínio econômico[130] no intuito de superar a crise.

As agências reguladoras independentes surgem nos Estados Unidos da América precisamente neste contexto. Nascem as *independent commissions* como forma de iniciar a intervenção estatal sobre o domínio econômico, que antes se encontrava completamente deixado à autorregulação. Tendo o Estado norte-americano, conforme exposto, extremamente arraigadas a proteção à absoluta liberdade econômica e a vedação à intervenção estatal, nunca chegou tal Estado a se estruturar completamente sobre a atuação direta pelo poder público no desempenho de atividades econômicas. A intervenção ocorreu unicamente em face do momento de crise, e não por atuação estatal direta. Surgem as agências justamente como o grande avanço na intervenção.

---

por causa de precedente em que a Corte declarou inconstitucional lei que limitava a jornada de trabalho dos padeiros. A respeito do tema, ver: BARROSO, Luís Roberto. *Interpretação e aplicação da Constituição*. São Paulo: Saraiva, 1999. Cf. também CYRINO, André Rodrigues. *Direito constitucional regulatório*: elementos para uma interpretação institucionalmente adequada da Constituição econômica brasileira. Rio de Janeiro: Renovar, 2010. p. 73 e segs.

[129] Utilizou-se o governo Roosevelt em larga medida das ideias formuladas pelo economista inglês Keynes. Entre as mesmas, destaca-se a ampla atuação do Estado ainda que tal acarretasse gastos maiores que receitas. Sobre o orçamento deficitário de Keynes, ver: TORRES, Ricardo Lobo. *Tratado de direito constitucional tributário*. Rio de Janeiro: Renovar, 2000. v. 5 (Orçamento).

[130] Em um primeiro momento, vigorando a "era Lochner", Roosevelt entrou em frequente tensão com a Suprema Corte. A crise institucional somente foi reduzida com verdadeira ameaça, feita pelo presidente, de alteração da composição do tribunal (*court packing plan*).

O advento das agências reguladoras no ordenamento brasileiro, por sua vez, ocorreu de maneira inteiramente diversa. Ultrapassado o primeiro momento de liberalismo econômico clássico, passou o poder público a intervir na ordem econômica. Ocorre que, em nosso país, ao contrário do exemplo norte-americano, tal intervenção atingiu grau altíssimo, consubstanciado pela atuação estatal direta mediante o desempenho de atividades econômicas pelo próprio poder público. Tal cenário permaneceu até o fim do século passado. Ressalta o professor Luís Roberto Barroso que, em setembro de 1981, conforme recenseamento oficial, foi constatada a existência de 530 pessoas jurídicas de direito público de teor econômico![131]

A situação, todavia, não podia perdurar. O Estado brasileiro apresentava-se demasiadamente inchado. Havia excesso de burocracia, de lentidão, de gastos, de dívidas, de corrupção, de ineficiência. A solução encontrada – inclusive indicada pelo Fundo Monetário Internacional aos países subdesenvolvidos – consistiu em nova retração da estrutura estatal. Busca-se, na nova tendência, a sensível redução dos meios de intervenção do Estado na economia. Trata-se do neoliberalismo.

Tal diminuição do intervencionismo estatal, nada obstante, não pode ser confundida com o retorno exato ao antigo liberalismo clássico já exposto. Abandona-se o Estado de bem-estar social, marcado por um altíssimo grau de atuação estatal, mas não se retira o poder público por completo de cena, tendo-se em vista já ter a História provado a inviabilidade do *laissez-faire* puro.

Neste sentido, não precisamente deixa o Estado de atuar no domínio econômico. A rigor, altera o poder público suas modalidades de atuação sobre o mesmo. Reduz-se significati-

[131] BARROSO, Luís Roberto. Agências reguladoras. Constituição, transformações do Estado e legitimidade democrática. In: BINENBOJM, Gustavo (Coord.). *Agências reguladoras e democracia*. Rio de Janeiro: Lumen Juris, 2006. p. 61.

vamente a prestação direta, pelos entes públicos, de atividades econômicas, enquanto sobressai a figura do Estado regulador e de fomento.[132] Precisamente neste contexto, surgem as agências reguladoras no direito brasileiro, destinadas a desempenhar as funções inerentes à regulação, tão cara neste novo modelo de estruturação estatal menos interventiva.

Dessa forma, começam a atuar as agências reguladoras no ordenamento pátrio mediante a delegação de diversos serviços públicos e até de atividades econômicas monopolizadas, que eram prestados diretamente pelo Estado.

Perceba-se, portanto, a nítida diferença entre o advento das agências reguladoras no direito brasileiro e no direito norte-americano. Enquanto neste último as agências representaram um aumento no grau de intervenção estatal sobre a economia, anteriormente inexistente em face do vigente liberalismo clássico, no direito brasileiro consubstanciaram uma retração da atuação do poder público.[133]

Bem percebeu o professor Gustavo Binenbojm as diferenças entre os cenários brasileiro e americano destacadas:

> As agências reguladoras se afirmam, portanto, no cenário político norte-americano, como entidades propulsoras da publicização de determinados setores da atividade econômica, mitigando as garantias liberais clássicas da propriedade privada e da autonomia da vontade [...]
>
> O contexto político, ideológico e econômico em que se deu a implantação das agências reguladoras no Brasil, durante os anos

---

[132] Ver: MOREIRA NETO, Diogo de Figueiredo. *Direito regulatório*. Rio de Janeiro: Renovar, 2005b.

[133] Fato é que, do liberalismo clássico, a ordem econômica brasileira fora à antítese do mais alto grau de intervencionismo: a prestação estatal direta de atividades econômicas. O advento das agências se situa em um modelo de síntese dialética, reduzida intervenção da antítese sem, porém, voltar ao liberalismo puro.

de 1990, foi diametralmente oposto ao norte-americano. Com efeito, o modelo regulatório brasileiro foi adotado no bojo de um amplo processo de privatizações e desestatizações, para o qual a chamada reforma do Estado se constituía em requisito essencial.[134]

Neste ponto, é importantíssimo destacar determinada consequência decorrente do contexto em que surgiram as agências reguladoras no ordenamento brasileiro: trata-se da utilização político-econômica do instituto no intuito de angariar mais volumosos investimentos da iniciativa privada nacional e estrangeira. Ao serem criadas as agências em meio ao procedimento de privatizações, delegando-se à iniciativa privada a prestação de atividades anteriormente prestadas pelo Estado, a segurança da estabilidade trazida pelo caráter apolítico das mesmas constitui grande atrativo aos investimentos privados.

Tal atrativo ao capital privado evidentemente não existiria caso a regulação dos setores coubesse a órgão sujeito ao jogo político, tendo-se em vista a enorme insegurança trazida pela alternância de partidos com diferentes programas de governo. Vale a pena, mais uma vez, citar o professor Gustavo Binenbojm:

> Na verdade, mais do que um requisito, o chamado compromisso regulatório (*regulatory commitment*) era, na prática, uma exigência do mercado para a captação de investimentos. Em países cuja história recente foi marcada por movimentos nacionalistas autoritários (de esquerda e de direita), o risco de expropriação e de ruptura dos contratos é sempre um fantasma que assusta ou espanta os investidores estrangeiros. Assim,

---

[134] BINENBOJM, Gustavo. "Agências reguladoras independentes e democracia no Brasil", 2006, op. cit., p. 92, 94.

a implantação de um modelo que subtraísse o marco regulatório do processo político-eleitoral se erigiu em verdadeira *tour de force* da reforma do Estado. Daí a ideia de blindagem institucional de um modelo que resistisse até a uma vitória da esquerda em eleição futura.[135]

Precisamente buscando bem cumprir o papel exposto, conforme veremos, as agências reguladoras brasileiras são estruturadas sobre regime dotado de alto grau de autonomia. Tal autonomia é que, justamente, garantirá a estabilidade da instituição, alheia às turbulências políticas.

Da mesma forma, tendo em vista seus objetivos de regulação, veremos igualmente terem as agências adotado forma de pessoa jurídica de direito público, exigência para o desempenho de determinadas funções. Além disso, na busca por maior eficiência e substituição da discricionariedade política, serão as mesmas caracterizadas também por possuírem corpo técnico.

Enfim, perceba-se a importância do estudo da conjuntura em que foram importadas as agências reguladoras pelo ordenamento brasileiro. O estudo dessas circunstâncias demonstra ter as mesmas sido adotadas em razão de reestruturação específica do Estado ao reduzir seu grau de intervenção econômica mediante alteração das modalidades de atuação utilizadas. Surgem para desempenho de funções inerentes à regulação técnica, na busca de maior eficiência, bem como para, economicamente, atrair investimentos privados.

A análise desse contexto e dos objetivos impostos pelo mesmo às agências reguladoras é fundamental para a compreensão de como elas foram estruturadas, além das funções que exercem.

---

135 Ibid., p. 9.

Natureza jurídica e estruturação das agências reguladoras brasileiras

Destinadas aos objetivos exigidos pelo contexto de surgimento exposto, pode-se bem entender a estrutura e o regime sobre os quais foram estruturadas as agências reguladoras criadas no Brasil. Acarretando seus fins regulatórios o desempenho pelas agências de atividades evidentemente ligadas ao poder de polícia, tiveram tais entes que ser constituídos enquanto pessoas jurídicas de direito público.[136]

Dessa forma, valeu-se o legislador brasileiro do uso das autarquias, pessoas jurídicas de direito público há muito existentes em nosso país. Esta figura jurídica, entre as espécies clássicas encontradas na administração pública pátria, sem dúvida se apresentava como a mais adequada a ser utilizada na incorporação das agências.

Além de constituírem as autarquias pessoas de direito público, requisito essencial às atividades a serem desempenhadas pelas agências na seara regulatória, melhor se prestaria sua estrutura também em face dos quesitos da tecnicidade e autonomia. Classicamente, a figura das autarquias era geralmente utilizada justamente para o desempenho de atividades cuja realização fosse submetida a corpo mais técnico ou mais autônomo das interferências políticas. Exemplo mais elucidativo disso talvez sejam as universidades, geralmente constituídas enquanto autarquias, que são dotadas de maior grau de autonomia bem como de corpo técnico, essenciais ao desempenho de suas funções.

---

[136] Igualmente, foi firmado entendimento de os servidores das agências, tendo em vista a função desempenhada, ocuparem cargos estatutários. A Adin nº 2.310 suspendeu dispositivo de lei que estipulava o regime celetista para os trabalhadores de agências públicas. O dispositivo em tela já foi revogado.

Assim, sabendo-se o contexto em que as agências reguladoras foram importadas, bem como os objetivos a que se visava, compreendem-se a estrutura e o regime sobre os quais as mesmas se erigiram. O desempenho de funções inerentes ao poder de polícia (a serem exercidas por pessoa de direito público) imposto pelo intuito regulatório com que surgiam as agências na retração da intervenção estatal direta, a exigência de corpo técnico e livre das indesejadas interferências de cunho político para o melhor exercício da regulação, o ganho da confiança dos investidores – tudo isso indicava o modelo autárquico como aquele mais apto a ser utilizado na estruturação das agências. Tratando-se de autarquias, dispõe o art. 37, XIX, da Constituição que somente por lei específica poderão as mesmas ser criadas. Mais que isso, segundo o art. 61, §1º, "e", da Carta, incumbe a iniciativa da referida lei tão somente ao chefe do Poder Executivo.

Por fim, a este modelo autárquico clássico, já indicado para o desempenho das funções requeridas, conferiu o legislador determinado regime especial, conformando estas autarquias ainda mais aos seus intuitos. Por tal regime especial deve-se entender serem as agências reguladoras dotadas de um alto grau de autonomia, bastante superior àquele já normalmente conferido às demais autarquias.

Em suma, constituem as agências reguladoras autarquias dotadas de caráter técnico, destinadas ao exercício da regulação e submetidas a um regime especial marcado por alto grau de autonomia. Estas são as principais características dos entes sob exame. Presentes os mencionados atributos, pode-se classificar determinada autarquia enquanto "agência reguladora".

A rigor, deve-se ressaltar, não há "um" regime especial característico da espécie "agência reguladora". Pelo contrário, cada uma das agências é criada por lei própria que a institui, conferindo-lhe seu regime específico. Dessa forma, a caracterização de determinado ente enquanto agência reguladora se fará pela presença em seu regime e estrutura peculiares das características entendidas como essenciais ao conceito de agência.[137] São estas precisamente: a adoção do modelo autárquico, do intuito regulatório e ser a mesma dotada de corpo técnico e regime marcado por alto grau de autonomia.

Presentes estes elementos essenciais ao conceito, podem ser as instituições classificadas como agências reguladoras, ainda que possuam inúmeras diferenças entre os diversos regimes jurídicos a que são submetidas pelas leis que individualmente as instituíram.

A respeito do regime especial característico das agências reguladoras, afirma Celso Antônio Bandeira de Mello:

> Não havendo lei alguma que defina genericamente o que se deva entender por tal regime, cumpre indagar, em cada caso, o que se pretende com isto. A ideia subjacente continua a ser a de que desfrutariam de uma liberdade maior do que as demais autarquias. Ou seja: esta especialidade do regime só pode ser detectada verificando-se o que há de peculiar no regime das "agências reguladoras" em confronto com a generalidade das autarquias.[138]

---

[137] Em livro sobre o tema, o professor Aragão distingue inúmeros entes que, embora muito semelhantes às agências reguladoras, não poderiam ser assim classificados por não serem dotados de alguma dessas características essenciais. O Conselho Monetário Nacional e o Bacen, por exemplo, não possuiriam autonomia face à possibilidade de exoneração *ad nutum* de seus dirigentes. A Comissão de Valores Mobiliários, embora não tenha seus dirigentes sujeitos a exonerações *ad nutum*, teria suas decisões submetidas a recurso externo, fragilizando também sua autonomia. As universidades, por sua vez, apesar de autônomas, não possuiriam função de regulação. ARAGÃO, Alexandre Santos de. *Agências reguladoras e a evolução do direito administrativo econômico.* 2. ed. Rio de Janeiro: Forense, 2004.
[138] MELLO, Celso Antônio Bandeira de. *Curso de direito administrativo.* 14. ed. São Paulo: Malheiros, 2001. p. 156.

Logo adiante, todavia, o professor parece encarar com ceticismo o caráter inovador da especialidade de regime das agências reguladoras:

> Em rigor, autarquias com funções reguladoras não se constituem em novidade alguma. O termo com que ora foram batizados é que é novo no Brasil. Apareceu ao ensejo de tal "Reforma Administrativa", provavelmente para dar sabor de novidade ao que é muito antigo, atribuindo-lhe, ademais, o suposto prestígio de ostentar uma terminologia norte-americana.[139]

Diogo de Figueiredo Moreira Neto, por sua vez, se une àqueles que sustentam serem as agências reguladoras "autarquias especiais".[140] Por fim, cumpre, portanto, esmiuçar o mencionado alto grau de autonomia, que justamente caracteriza o regime especial ao qual são submetidas as agências reguladoras.

No entender de Diogo de Figueiredo Moreira Neto, pode-se decompor a autonomia típica das agências reguladoras em: (a) independência política dos dirigentes; (b) independência técnico-decisional (predomínio da "discricionariedade técnica" sobre a discricionariedade político-administrativa, não havendo recurso de suas decisões); (c) independência normativa; (d) independência gerencial, orçamentária e financeira.[141]

De fato, costumam-se apontar certos institutos que, quando presentes, explicitam a tão exaltada autonomia das agências. Primeiramente, destaca-se a independência de seus dirigentes em face das alternâncias político-partidárias do jogo eleitoral. Dessa forma, uma vez nomeados pelo presidente com aprovação

---

[139] Ibid., p. 159.
[140] MOREIRA NETO, Diogo de Figueiredo. *Curso de direito administrativo*. 14. ed. Rio de Janeiro: Forense, 2005a. p. 447.
[141] Ibid., p. 447.

do Senado, não podem os dirigentes das agências ser exonerados *ad nutum*.

A constitucionalidade da vedação de exoneração *ad nutum* pelo chefe do Executivo foi declarada pelo Supremo Tribunal Federal na Adin nº 1.949/RS. Na mesma ocasião, não se aplicou às agências reguladoras o verbete da Súmula nº 25 da Corte (aplicável às demais autarquias gerais), segundo o qual, ainda que tenha sido nomeado a termo, é possível a livre "demissão"[142] de ocupante de cargo dirigente de autarquia.

Dessa forma, cria-se uma verdadeira "blindagem institucional" aos interesses políticos, indesejáveis no setor, mantendo-se a coerência técnica fundamental ao bom desempenho das agências. Possuem os dirigentes mandato fixo, não correndo risco de exoneração injustificada pela ascensão ao poder de corrente política ideologicamente oposta àquela defendida pelo presidente que os nomeou. Perceba-se ser esta característica, junto ao corpo técnico formado por bons recursos humanos, a maior garantia de tecnicidade apolítica da atuação (além de garantir também a já exposta atratividade de investimentos). Busca-se, pela autonomia, evitar que seja a agência "capturada"[143] pelos interesses políticos em detrimento de sua atuação.

Celso Antônio Bandeira de Mello não se mostra muito simpático a este aspecto da autonomia: "Cabe, entretanto, anotar desde já que tal garantia não pode ser entendida como capaz de ultrapassar o período de governo da autoridade que procedeu

---

[142] A rigor, talvez devesse o verbete falar em "livre exoneração", possuindo o termo "demissão" conteúdo técnico referente ao desligamento em virtude de falta funcional.

[143] Fala-se em "captura" das agências reguladoras em dois sentidos, ambos extremamente indesejados. Em um primeiro sentido, conforme adiantado, pode a agência ser capturada pelo governo, impondo a esta decisões de cunho político em detrimento da tão desejada tecnicidade. Em outro sentido, o excesso de autonomia pode representar ausência completa de responsividade das agências perante os representantes do povo, fonte emanadora última de todo poder. Neste sentido, pode a agência ser capturada pelas próprias forças econômicas que pretende regular.

às nomeações, pois isto violaria prerrogativas constitucionais de seu sucessor".[144]

A posição do professor transcrita encontra-se longe de ser uníssona em doutrina. Como delineado, a impossibilidade de exoneração *ad nutum* dos dirigentes das agências pelo governo sucessor àquele da nomeação constitui pilar da autonomia destes entes. Trata-se de garantia fundamental à manutenção da tecnicidade de sua atuação, não indevidamente afetada por opções políticas. A posição de Celso Antônio Bandeira de Mello, como será examinado, porém, possui mérito ao pôr em evidência questão que não pode ser desprezada: o debate a respeito da legitimidade democrática das agências.

Outro traço das agências reguladoras, configurador de sua autonomia, diz respeito à inexistência de recurso hierárquico impróprio a ser interposto contra suas decisões. O recurso hierárquico impróprio é assim designado justamente por possibilitar revisão de decisão proferida por pessoa distinta da administração direta e, portanto, em princípio não submetida a relação hierárquica com a estrutura central.

Ora, de nada adiantaria a impossibilidade de exoneração *ad nutum* dos dirigentes nem a tecnicidade das agências se suas decisões pudessem ser, em última análise, alteradas pela administração central, exercida pelo governo político. Tal fato representaria sério golpe às pretensões de autonomia das agências.

Por fim, possuem as agências autonomia gerencial, orçamentária e financeira. Neste ponto, cabe destacar a possibilidade de as agências, além dos recursos que lhes são repassados pelo ente central, cobrarem taxas cuja receita seja utilizada no sustento de suas atividades.

---

[144] MELLO, Celso Antônio Bandeira de. *Curso de direito administrativo*, 2001, op. cit., p. 156.

As funções conferidas às agências reguladoras no Brasil

As agências reguladoras brasileiras, nos moldes explanados anteriormente, inserem-se em um contexto específico de reestruturação e retração da atuação estatal no domínio econômico. Reduz o Estado sensivelmente a intensidade de seu intervencionismo sobre a economia, que se dava mesmo pelo desempenho direto de atividades econômicas, sem, contudo, retornar ao ideal absenteísta absoluto pregado pelo liberalismo clássico. Possuem as agências papel fundamental na nova ordem econômica implantada a partir do fim do século XX, marcada justamente pela ideia de Estado regulador.

Regulação[145] consiste em um conjunto de medidas legislativas e administrativas, pelas quais o Estado, de maneira tanto restritiva da liberdade privada quanto meramente indutiva, determina, controla ou influencia o comportamento dos agentes econômicos, visando atingir os fins e interesses públicos tutelados pela Constituição.[146]

Ao desempenhar a regulação, exercem as agências reguladoras diversas funções. Melhor dizendo, as agências instrumentalizam a atividade regulatória mediante funções, que justamente conformam a ordem econômica em prol dos interesses públicos. Atuam as agências desde a concessão, permissão e autorização de serviços públicos e atividades econômicas em

---

[145] Não se deve confundir "regulação", atuação do Estado por diversas modalidades na busca de conformação da ordem econômica em tutela dos interesses públicos, com "regulamentação", que diz respeito à função de expedir regulamentos, função geralmente do Executivo de desenvolvimento normativo das leis para sua execução. Nas palavras de Marcos Juruena Villela Souto: "Enquanto a regulação é técnica, a regulamentação é política (havendo legitimidade eleitoral para tanto, o que não ocorre na regulação, que se limita a implementar a decisão política); a regulação atende a interesses coletivos (setoriais), a regulamentação a interesses públicos (gerais)" (SOUTO, Marcos Juruena Villela. *Direito administrativo regulatório*. 2. ed. Rio de Janeiro: Lumen Juris, 2005. p. 247).

[146] ARAGÃO, Alexandre Santos de. *Agências reguladoras e a evolução do direito administrativo econômico*, 2004, op. cit.

sentido estrito, passando pela edição de atos normativos, pela fiscalização das atividades, aplicação de sanções e até atuação de caráter decisório.

Fato é que, verdadeiramente, as agências reguladoras concentram inúmeras funções. Mais do que isto, concentram funções bastante similares às funções típicas de cada um dos três poderes estatais. Desempenham tais entes, além das funções administrativas (que não causam espanto, uma vez que são autarquias e, portanto, inseridas na administração indireta), funções "quase legislativas" e funções "quase judiciais".

Sabe-se que a teoria da separação de poderes não pode ser entendida em termos absolutos. A rigor, inclusive, nem mesmo se deveria falar em separação de poderes, mas em separação de funções, tendo-se em vista a unidade do poder público. As diversas funções são divididas entre os três poderes institucionais. Ocorre, todavia, que cada poder, além de desempenhar sua função típica, desempenha simultaneamente funções residuais, que *a priori* constituiriam função típica dos outros poderes.

Dessa forma, o Executivo, além de sua típica função administrativa, participa do processo legislativo, seja pela iniciativa de projetos de lei, sancionando os mesmos ou editando medidas provisórias. No mesmo sentido, desempenha o Poder Executivo funções quase judiciais ao realizar contencioso administrativo.[147] Perceba-se que a possibilidade de desempenho, por um poder, de funções típicas dos demais já ocorria normalmente em uma separação de poderes não absoluta. Isto principalmente à luz da teoria dos *checks and balances*, caracterizada pelo controle mútuo entre os poderes.

No caso das agências reguladoras, a questão parece tomar proporções maiores em consequência direta da atividade regu-

[147] Há, inclusive, lei a disciplinar o processo administrativo: Lei nº 9.784/1999.

lação. O desempenho da regulação não se limita ao exercício tão somente de uma função determinada. Pelo contrário, efetiva-se a regulação (conformação da ordem econômica, com direcionamento dos setores na tutela dos interesses públicos) mediante inúmeras funções classicamente típicas dos três poderes diferentes. A regulação impõe atividades de caráter administrativo, atividades de caráter quase legislativo e atividades de caráter judicial.

Primeiramente, atuam as agências no papel de poder concedente. Neste ponto, inseridas em um modelo estatal baseado no desempenho de atividades diretamente pelos particulares, incumbe às agências realizar o procedimento de delegação à iniciativa privada de serviços públicos e atividades econômicas em sentido estrito de titularidade do poder público.

Da mesma forma, exercem função "quase legislativa" ao criarem atos normativos no intuito de disciplinar o desempenho de atividades pelos particulares no setor. A existência desta função levanta grande polêmica a respeito da possibilidade de as agências legislarem, em face do princípio da legalidade. Conforme veremos, inúmeras teorias foram criadas para tentar legitimar tal possibilidade, ainda que por atos normativos infralegais.

Por fim, fiscalizam as agências o cumprimento das atividades pelos particulares em conformidade com as normas disciplinadoras, aplicando sanções em caso de violação. Desempenham função "quase jurisdicional" ao exercerem atividade decisória julgadora de conflitos existentes no setor, seja entre os agentes econômicos do setor, entre agentes e usuários ou mesmo entre agentes e a própria agência reguladora. Essa função desperta, igualmente, grande discussão. Indaga-se em que medida estariam as decisões das agências afastadas de controle pelo Poder Judiciário.

As funções e estrutura das agências reguladoras em face dos princípios da teoria constitucional clássica: legalidade, separação de poderes, inafastabilidade jurisdicional e legitimidade democrática

A estrutura sobre a qual foram erigidas as agências reguladoras, bem como as funções que estas passaram a concentrar no desempenho da regulação, levantam sérias indagações em face da teoria constitucional clássica. Deve-se averiguar, em especial, a compatibilidade das agências reguladoras na forma como funcionam na dinâmica pátria com os princípios da separação de poderes, da legalidade, da inafastabilidade jurisdicional e da legitimidade democrática.

Ao realizar a regulação, conforme visto anteriormente, acabam as agências reguladoras por concentrar o desempenho simultâneo de funções de características bastante próximas de funções tipicamente destinadas a cada um dos três poderes do Estado. Realizam, neste sentido, além das funções administrativas, atividades de cunho quase legislativo e outras quase jurisdicionais. Questiona-se, preliminarmente, dessa forma, se a concentração de funções mencionadas pelas agências representaria violação ao clássico princípio constitucional da separação de poderes.

Os defensores da compatibilidade das agências reguladoras com o princípio mencionado alegam ser a concentração de funções desempenhadas pelas agências fruto da própria necessidade de regulação. Tratar-se-ia de imposição pela exigência de tecnicidade e dinamismo no desempenho dessas funções, devendo todas ser realizadas pelo corpo técnico.

O princípio da separação de poderes deve, segundo os defensores de sua compatibilidade com as atividades das agências nos moldes atuais, ser interpretado em conformidade com a nova reestruturação estatal exigida pelas transformações na ordem econômica. Essas passaram a exigir atuação do poder público por meio da regulação de forma extremamente dinâmica e técnica.

Outra questão relevante e afeta ao tema, bastante ligada à separação de poderes, diz respeito à inafastabilidade do controle jurisdicional. A separação de poderes deve ser entendida à luz da teoria dos freios e contrapesos, não havendo verdadeiramente separação absoluta entre os poderes, mas interação e controle mútuo. Encontra-se prevista no art. 5º, XXXV, da Constituição, por sua vez, a impossibilidade de afastamento das matérias de seu controle jurisdicional. Devem em regra, portanto, ser passíveis de exame, controle e revisão pelo Judiciário todas as matérias decididas pelos demais poderes.

Verdade é que, desde muito, já existem casos na teoria constitucional clássica em que fica afastada a possibilidade do controle jurisdicional. Estes são os casos do mérito administrativo, apontado como a essência do exercício da função discricionária do administrador e das questões políticas e *interna corporis*.[148]

Nada obstante, ocorre que tais hipóteses de afastabilidade jurisdicional possuíam caráter absolutamente excepcional. Apresenta-se como regra a inafastabilidade, podendo haver controle pelo Judiciário, *a priori*, sobre toda e qualquer matéria. O mérito administrativo e as questões políticas constituem exceção restrita à regra.

Com as agências reguladoras, discute-se a respeito do surgimento de nova hipótese excepcional de afastabilidade do controle jurisdicional: as decisões administrativas dotadas de conteúdo técnico. Afirma parte da doutrina a impossibilidade de

---

[148] Deve-se, porém, deixar consignada a crescente afirmação de possibilidade de parcelas de controle do mérito administrativo e das questões políticas a partir de *standards* e da utilização progressiva do princípio da razoabilidade.

o Judiciário controlar e rever decisões tomadas pelas agências, tendo em vista não possuir este poder condições de analisar a matéria em questão, cujo exame requer conhecimentos específicos do setor regulado. Passa-se a falar, neste sentido, em "discricionariedade técnica".

Neste ponto, deve-se ressaltar interessante observação. Não devem funcionar discricionariedade técnica e discricionariedade política de forma exatamente igual no que se refere à possibilidade de controle jurisdicional. Pode-se sustentar uma maior possibilidade de controle judicial sobre as decisões tomadas em discricionariedade técnica do que sobre aquelas tomadas em discricionariedade política.

Esta última existe com o objetivo de efetivamente caber ao administrador escolher politicamente os meios de cumprimento da norma, não podendo o Judiciário ilegitimamente usurpar suas funções. No caso da discricionariedade técnica, a rigor, incumbe à agência decidir unicamente, por se entender que a matéria exige conhecimentos específicos sobre o setor, desconhecidos pelos magistrados. Dessa forma, informado tecnicamente o Judiciário, possivelmente pelo auxílio de peritos na matéria, nada obsta o controle judicial.

Além disso, deve restar em evidência que a discricionariedade conferida às agências se refere precisamente às questões técnicas que a fundamentam. Dessa forma, não podem as agências extrapolar os limites técnicos, atuando mediante decisões de cunho político. A rigor, a atuação política das agências, extrapoladas as fronteiras da técnica, não somente deborda seu âmbito de "discricionariedade", mas também compromete seriamente a existência dessas autarquias em face da legitimidade democrática.

Estabelece o art. 1º, parágrafo único, da Constituição, emanar todo o poder do povo. Da soberania popular decorre a legitimidade democrática dos poderes exercidos por detentores de mandatos providos mediante eleição direta. Dessa forma, devem as decisões políticas públicas ser tomadas precisamente pelos poderes Legislativo e Executivo. Estes são legitimados democraticamente ao terem seus membros eleitos por voto popular, sendo representantes justamente da fonte última da qual deve emanar o poder.

Por essa razão, grande polêmica sempre houve a respeito da possibilidade de revisão pelo Judiciário dos atos e normas emanados dos outros dois poderes.[149] Ocorre que, não sendo o Judiciário composto por membros eleitos pelo voto popular, não possuiria, segundo alguns, legitimidade para alterar as decisões tomadas pelos representantes populares, cabendo somente a estes últimos tomar as decisões públicas.

Perceba-se ser justamente resultado da conciliação da imposição de legitimidade democrática das decisões públicas com a inafastabilidade do controle jurisdicional a existência dos institutos das questões políticas e do mérito administrativo. Há, como regra, a possibilidade de controle judicial, constituindo, porém, exceções as matérias inseridas em âmbito de cunho altamente político. Estas últimas devem necessariamente caber aos representantes eleitos pelo povo, sob pena de ilegitimidade democrática. Constitui a democracia verdadeira síntese, composta pela vontade da maioria e também pela atuação contramajoritária jurisdicional na tutela dos direitos fundamentais.[150]

Fato é que parece surgir com as agências reguladoras novo foco de tensão das decisões públicas com a ideia de legitimidade democrática. São as mesmas compostas por dirigentes não eleitos. Pior, pela autonomia e impossibilidade de exoneração *ad nutum*, podem tais dirigentes possuir posições políticas justa-

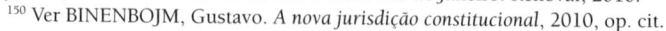

[149] A respeito da tensão entre democracia e jurisdição, ver BINENBOJM, Gustavo. *A nova jurisdição constitucional*. 3. ed. rev. e atual. Rio de Janeiro: Renovar, 2010.
[150] Ver BINENBOJM, Gustavo. *A nova jurisdição constitucional*, 2010, op. cit.

mente antagônicas àquelas defendidas pelo governo eleito pelo povo, fonte emanadora do poder legítimo.

Busca-se legitimar a atuação das agências de forma semelhante àquela utilizada na legitimação do Poder Judiciário. Não se nega o caráter contramajoritário de ambos, não havendo legitimação pela eleição da maioria popular. Entende-se, todavia, que o conceito de democracia não pode se resumir ao de vontade da maioria. Dessa forma, inclusive, é desejável a existência de instituições de caráter apolítico no desempenho de função em que a decisão da maioria política não represente benefício. Este seria o caso, por exemplo, da proteção dos direitos fundamentais de minorias pelo Judiciário.

No mesmo sentido, seria a atuação das agências legitimada pela necessidade de se pautarem determinadas decisões públicas por critérios eminentemente técnicos, não políticos e majoritários. Neste ponto, a deliberação da maioria não possui instrumentos para bem decidir. Mais que isso, indesejável para a coletividade que interesses políticos marquem essas decisões técnicas, sendo mais indicada para o caso a existência de corpo apolítico. Alexandre Santos de Aragão, referindo-se à neutralidade política e majoritária das agências, afirma representarem expressão da "teoria dos poderes neutrais".[151]

A questão, todavia, não é simples. Na prática, afigura-se extremamente difícil delinear com precisão a existência de atos puramente técnicos ou puramente políticos. Em regra, as decisões técnicas implicam necessariamente opção política simultânea. Bem notou a respeito do tema Laís Calil: "Entrementes, as escolhas administrativas, ainda que técnicas, não se despojam

[151] ARAGÃO, Alexandre Santos de. A legitimação democrática das agências reguladoras. In: BINENBOJM, Gustavo (Coord.). *Agências reguladoras e democracia*. Rio de Janeiro: Lumen Juris, 2006. p. 16.

ORDEM CONSTITUCIONAL ECONÔMICA

de conteúdo politizado, pois pressupõem avaliações eminentemente políticas, ainda que subjacentes ou mediatas".[152]

Outro meio utilizado no intuito de aumentar a legitimidade das agências reguladoras consiste na denominada "legitimação pelo procedimento". Passam as leis instituidoras das agências a prever, no desempenho das atividades, a realização de audiências e consultas públicas. De fato, neste ponto, deve-se lembrar a lição de Diogo de Figueiredo Moreira Neto, para quem a democracia contemporânea deve buscar progressivamente a substituição da representação pela efetiva participação popular direta. Isso no intuito de aumento da responsividade e da *accountability*.[153] Infelizmente, deve ficar igualmente consignado o irrisório grau de participação popular observado nestes anos iniciais de existência das agências.

Por fim, implicam o surgimento das agências reguladoras e suas funções na nova regulação e estruturação da ordem econômica brasileira exame acurado do princípio da legalidade. Segundo formulação clássica deste princípio, deve o Estado inovar na ordem jurídica, criando novos direitos e obrigações mediante a espécie normativa da "lei". A rigor, não se trata de mera formalidade, mas de tema diretamente ligado àquele da legitimidade democrática que se acabou de examinar. Exige a Constituição a utilização de lei justamente por ser esta espécie normativa criada mediante processo legislativo de ampla participação dos representantes populares eleitos.

Ocorre, todavia, que as leis instituidoras das agências reguladoras têm conferido às mesmas competência normativa para regular autonomamente matérias não disciplinadas por

---

[152] CALIL, Laís. O poder normativo das agências reguladoras em face dos princípios da legalidade e da separação de poderes. In: BINENBOJM, Gustavo (Coord.). *Agências reguladoras e democracia*. Rio de Janeiro: Lumen Juris, 2006. p. 142.

[153] MOREIRA NETO, Diogo de Figueiredo. *Curso de direito administrativo*, 2005a, op. cit.

lei ou mesmo para revogar a antiga já existente disciplina legal. Questiona-se a respeito da possibilidade de atos normativos infralegais, expedidos pelas agências, passarem a reger matérias em seara exigente de lei formal. Trata-se do instituto da deslegalização.

A deslegalização, em termos simples, consiste em determinada matéria exigente de regulação por lei em sentido estrito passar a poder ser regida por ato normativo infralegal. Destacam-se algumas teorias no intuito de legitimar tal possibilidade.

Primeiramente, segundo a teoria da delegação legal, a lei instituidora da agência reguladora poderia simultaneamente delegar ao ente criado a competência para legislar sobre determinada matéria, anteriormente submetida à lei formal. Sustentam seus defensores argumento bastante pragmático: se a lei delegadora poderia simplesmente revogar por completo as demais leis que tratavam da matéria, poderia, teoricamente ao menos, permitir que ato infralegal futuro o faça.

Gustavo Binenbojm[154] e Laís Calil[155] não admitem tal possibilidade de delegação por lei. Embora seja uma lei apta a revogar outra especificamente, não é capaz de transferir "em branco" esta aptidão ao exercício de terceira espécie normativa, cujo conteúdo inclusive não foi objeto de debate legislativo na criação da lei delegadora. Compete unicamente à Constituição dispor a respeito do âmbito de atuação de cada espécie normativa.

Além disso, previu expressamente a Constituição, em seu art. 68, a existência da figura das "leis delegadas". Esta previsão expressa, somada ao art. 25 do ADCT (que pôs fim às delegações realizadas anteriormente à Carta de 1988), deixa clara a

---

[154] BINENBOJM, Gustavo. "Agências reguladoras independentes e democracia no Brasil", 2006, op. cit.
[155] CALIL, Laís. "O poder normativo das agências reguladoras em face dos princípios da legalidade e da separação de poderes", 2006, op. cit.

impossibilidade de delegação em nosso sistema constitucional, salvo nesta exceção prevista expressamente.[156]

Outra teoria destinada a instrumentalizar a deslegalização seria a "degradação legal". Neste caso, a rigor, não há delegação para que a agência legisle sobre determinado tema com força de lei. Ocorreria, segundo seus defensores, o "rebaixamento" do *status* das leis anteriores ao *status* de ato normativo infralegal. Dessa forma, posteriormente, os atos infralegais das agências poderiam simplesmente revogar as leis anteriormente rebaixadas. Evidentemente, esta teoria se sujeita igualmente às críticas anteriores, não podendo a lei dispor sobre a degradação de espécie normativa.

Por fim, pode-se sustentar a competência normativa quase legislativa com base novamente nos imperativos trazidos pela nova estruturação da ordem econômica. Dessa forma, a possibilidade de normatização pelas agências seria imposição dos requisitos de técnica e dinamismo da função regulatória. A questão, mais uma vez, porém, acarretará preocupações a respeito da tênue delimitação entre as fronteiras do técnico e do político.

Não podem, enfim, as agências extrapolarem os fundamentos que legitimam sua atuação "quase legislativa", passando a efetivamente legislar,[157] usurpando as funções políticas dos

---

[156] Em sentido contrário, aceitando as delegações de funções por ausência de cláusula de indelegabilidade expressa na Carta de 1988, ver: FERRAZ, Anna Cândida da Cunha. *Conflito entre poderes*: o poder congressual de sustar atos normativos do Poder Executivo. São Paulo: Revista dos Tribunais, 1994.

[157] Na Adin nº 1.668, decidiu o STF ter a Anatel competência normativa regulamentar, sujeita a limites legais. Na ocasião, segundo Marcos Juruena Villela Souto, o ministro Marcos Aurélio, relator da Adin, "não vislumbrou invasão da competência legislativa assegurada à União (inciso XI do artigo 21 e inciso XII do artigo 48 da Constituição Federal), já que a previsão era restrita ao âmbito, em si, da 'regulamentação' da Lei, levando-se em conta a flexibilidade que deve haver na fixação das modalidades de serviço. Quanto ao plano geral de outorgas de serviço público, o princípio da razoabilidade é conducente a ter-se a vinculação ao arcabouço normativo vigente, não se podendo, *a*

poderes legitimados democraticamente e designados pela Constituição para tal função.

Questões de automonitoramento

1. Após ler este capítulo, você é capaz de resumir os casos geradores do capítulo 7, identificando as partes envolvidas, os problemas atinentes e as soluções cabíveis?

2. Confronte os diferentes contextos de surgimento das agências reguladoras no Brasil e nos Estados Unidos da América.

3. Por qual razão se estruturaram as agências reguladoras sobre o modelo das autarquias? Defina os traços principais dos regimes especiais das agências.

4. O que se entende por concentração de funções a serem desempenhadas pelas agências reguladoras? Qual a razão de tal concentração?

5. Explique a tensão possivelmente existente entre regra da maioria e a atuação das agências reguladoras. Relacione democracia, soberania popular e questões técnicas.

6. Quais as principais teorias existentes como forma de instrumentalização da deslegalização? Relacione as mesmas ao sistema constitucional brasileiro.

7. Pense e descreva, mentalmente, alternativas para a solução dos casos geradores do capítulo 7.

---

priori, concluir que houve extravasamento. O mesmo se diga no tocante à aprovação de plano geral de metas para a progressiva universalização de serviço prestado no regime público e, portanto, com abrangência que atenda a toda a coletividade. Não se faz presente, destarte, quer a usurpação da competência, quer o vício de forma, eis que não houve delegação" (SOUTO, Marcos Juruena Villela. *Direito administrativo regulatório*, 2005, op. cit., p. 248-249).

5

Serviços públicos

Roteiro de estudo

Atuação do Estado na ordem econômica e pertinência histórica

Como se sabe, a expressão "ordem econômica", segundo o professor Eros Roberto Grau, pode ser compreendida segundo duas distintas concepções.[158] Em um primeiro sentido, entende-se por "ordem econômica" determinada realidade de fato, mundo do "ser", consistente nos fatores econômicos presentes em determinada sociedade. Por outro lado, é possível igualmente referir-se à "ordem econômica" enquanto conjunto normativo, mundo do "dever ser", normas do ordenamento jurídico destinadas justamente a reger a dinâmica de tais fatores econômicos e as diversas relações no campo da economia.

---

[158] GRAU, Eros Roberto. *A ordem econômica na Constituição de 1988*. 6. ed. São Paulo: Malheiros, 2001. p. 42-52.

Tema extremamente sensível na seara diz respeito à forma segundo a qual a ordem econômica (conjunto normativo) disciplina a possibilidade de atuação do poder público sobre a ordem econômica – mundo do "ser". Pode-se conceber, por exemplo, determinado ordenamento jurídico calcado em ideologia econômica de viés ultraliberal, dispondo suas normas haver impossibilidade de qualquer atuação mínima do Estado sobre as relações econômicas.

Em sentido diametralmente oposto, seria perfeitamente possível imaginar-se igualmente ordem econômica (sentido normativo) totalitária altamente conivente com o intervencionismo estatal sobre a ordem econômica fática.

A possibilidade ou não de atuação do Estado sobre a ordem econômica, bem como a medida e as modalidades em que tal atuação (caso permitida) é tutelada, encontram-se indissociavelmente atreladas ao modelo estatal estruturado pelo ordenamento no qual o mesmo se insere.[159] Trata-se, portanto, de questão extremamente cambiante segundo tempo e local, conforme a ordem econômica normativa adotada por influência dos mais diversos fatores.

Aponta-se o advento da Revolução Francesa e a independência das colônias norte-americanas como o nascimento do Estado liberal. Caracterizando-se o surgimento do mesmo por uma nítida ruptura com o absolutismo até então vigente, estru-

---

[159] Perceba-se não se encontrar livre de críticas a posição de Karl Marx ao afirmar que o ordenamento jurídico representaria mera superestrutura, determinada necessariamente, em sua íntegra, por infraestrutura econômica. Tal posição foi trazida à ciência jurídica por Ferdinand Lassalle, segundo o qual a Constituição escrita seria mera "folha de papel", subordinada à Constituição real, que seriam os "fatores reais de Poder". Cf. LASSALLE, Ferdinand. *A essência da Constituição*. 5. ed. Rio de Janeiro: Lumen Juris, 2000. Em sentido oposto, Konrad Hesse, embora não negue a influência dos fatores econômicos sobre o ordenamento jurídico, defende a existência simultânea de uma força normativa deste último, que também afeta a economia. Cf. HESSE, Konrad. *A força normativa da Constituição*. Trad. Gilmar Ferreira Mendes. Porto Alegre: Safe, 1991.

turou-se tal modelo estatal sobre bases não intervencionistas. Constituía-se em "Estado mínimo", "Estado guarda-noturno", cuja finalidade principal era apenas a garantia da segurança e dos direitos individuais. Perceba-se que tais direitos, designados direitos fundamentais de primeira geração, constituíam justamente, via de regra,[160] direitos a exigir abstenções e não atuações do Estado. Na mesma direção, igualmente fora desenvolvida e ganhara força a doutrina da separação de poderes.[161] Tudo no intuito de limitar os poderes estatais. Neste sentido, de maneira não diversa, preconizava-se a não atuação do Estado no domínio econômico. Vigorava a crença irrefutável de que o mercado se autorregulava com perfeição e que não existiam falhas que exigissem a intervenção estatal.[162]

Com o desenrolar da História, todavia, o mercado provou possuir, sim, diversas falhas. As mazelas do capitalismo, com suas crises cíclicas, atingiram seu ápice com a crise de 1929 nos EUA, mas afetaram a economia de todo o globo. Surgia a necessidade de atuação do poder público sobre o domínio econômico.

Neste sentido, surge novo modelo de Estado, o Estado social, cujo foco principal é a proteção dos denominados direitos sociais (direitos fundamentais de segunda geração), consistentes, via de regra, em prestações positivas pelo Estado aos indivíduos (p. ex., da saúde, educação, assistência social, previdência social etc.).

---

[160] Atenuando o caráter meramente negativo dos direitos individuais, ver GALDINO, Flávio. *Direitos não nascem em árvores*: introdução à teoria dos custos dos direitos. Rio de Janeiro: Lumen Juris, 2005.

[161] Tal doutrina, embora possua manifestações anteriores (p. ex., em Locke), foi amplamente difundida por Montesquieu em seu *Espírito das leis*.

[162] Tal ideal foi consagrado no lema "*laissez faire, laissez passer, le monde va à lui-même*", assim como na afirmação de Adam Smith de que o mercado seria regido por sua "mão invisível".

Percebe-se, pela observância dos novos fins a serem tutelados pelo poder público, que a atuação do Estado sobre o domínio econômico sofre, então, significativas mudanças. O "Estado mínimo", cuja atuação sobre as relações econômicas era terminantemente vedada, cede lugar a um Estado de caráter altamente interventivo.[163]

Não somente passa o poder público a regular o domínio econômico mediante normas destinadas a reger o setor, como também a atuar diretamente por meio da prestação de serviços públicos. A rigor, tamanho foi o crescimento da atuação estatal no domínio econômico que, além de prestar serviços públicos, surge ainda a intervenção direta do Estado enquanto prestador de atividades econômicas, mediante a proliferação de empresas estatais e o agigantamento da máquina administrativa.

Nas últimas décadas do século passado, entretanto, pôde ser apontada nova sensível alteração no quadro da atuação estatal sobre a ordem econômica (alteração esta que se estende até os dias atuais). Trata-se de um processo de "enxugamento" do Estado, que se encontrava demasiadamente inchado pela estrutura do "bem-estar social".

Em situação que poderia ser visualizada na "volta de um pêndulo", o Estado reduz sua atuação sobre o domínio econômico sem, contudo, retornar à antiga estrutura de abstenção do Estado liberal clássico, em uma espécie de síntese dialética. Retira-se o Estado do desempenho de diversas atividades econômicas mediante privatizações de estatais, bem como deixa efetivamente de prestar diretamente a maioria dos serviços públicos, delegando-os a particulares por meio de concessões e permissões.

Nada obstante, conforme mencionado, não se trata do fim de qualquer atuação estatal sobre a ordem econômica. Permanece o Estado a regular o domínio econômico por outros instrumentos, como a concessão de incentivos, a normatização do desempenho das atividades, bem como sua fiscalização. Utiliza-se o professor Diogo de Figueiredo Moreira Neto, comentando as tendências do Estado contemporâneo, das expressões "Estado regulador" e "Estado de fomento".[164]

Apresenta-se de forma notória, portanto, a íntima relação mantida entre a possibilidade ou não de atuação do poder público sobre o domínio econômico e o modelo estatal estruturado pela ordem econômica normativa. Tal ordenamento econômico sofre evidentes variações segundo a influência de inúmeros fatores, sendo determinante, também, na definição do grau de atuação estatal tolerado e, consequentemente, de quais modalidades de atuação do poder público na ordem econômica serão admitidas.

Atuação estatal direta: serviços públicos e atividades econômicas em sentido estrito. Relevância da classificação

Entre as distintas formas de intervenção estatal no domínio econômico, como visto, a atuação direta do Estado é a que se caracteriza como dotada de maior grau de intensidade intervencionista. Isso porque, nessa modalidade, o Estado exerce diretamente a atividade econômica.

Com o intuito de facilitar a compreensão dos institutos, Eros Roberto Grau divide o gênero atividade econômica nas espécies: *serviço público* e *atividade econômica em sentido estrito*.[165]

---

[164] MOREIRA NETO, Diogo de Figueiredo. *Direito regulatório*. Rio de Janeiro: Renovar, 2005b.
[165] GRAU, Eros Roberto. *A ordem econômica na Constituição de 1988*, 2001, op. cit., p. 123-124.

Tal classificação demonstra-se útil tendo em vista a existência de distintos regimes jurídicos a serem aplicados conforme se enquadre determinada prestação como uma ou outra das espécies de atividade mencionadas.

Assim é que, enquanto a exploração de atividade econômica em sentido estrito se encontra prevista no art. 173 da Constituição e se submete a um regime privado, a prestação de serviços públicos tem fulcro no art. 175 da Carta, sendo esta última disciplinada por um regime essencialmente público, substancialmente diverso daquele primeiro.

Havendo o constituinte conferido tratamentos diversos às duas diferentes espécies do gênero atividade econômica em sentido amplo, e submetendo-se cada uma a regimes e dispositivos distintos, torna-se necessário separar serviços públicos e atividades econômicas em sentido estrito para uma melhor compreensão dos institutos.

Atuação por indução, por sua vez, refere-se à possibilidade de o Estado influenciar as condutas dos agentes sem que para tal, todavia, seja necessário se valer de imposições imperativas. Vale-se esta modalidade de atuação estatal na ordem econômica de mecanismos de incentivo, em perfeita consonância com a ideia de administração consensual.

Finalmente, pode o poder público atuar no domínio econômico diretamente, mediante a prestação pelo Estado de atividades econômicas. Tal espécie de atuação na economia, no entanto, é caracterizada por uma altíssima intensidade intervencionista.

Relembra o professor Eros Roberto Grau não haver classificações verdadeiras ou falsas, nem certas ou erradas, mas tão somente úteis ou inúteis. Apresentar-se-ia a utilidade de determinada classificação, segundo o autor, "prestando-se uma delas a apresentar ou representar determinado objeto de modo a torná-lo compreensível, nos aspectos que se queira indicar".[166]

Neste sentido, visando à melhor compreensão dos institutos e de seus diversos regimes jurídicos, propõe o jurista citado a divisão do gênero atividade econômica em sentido amplo nas espécies *serviço público* e *atividade econômica em sentido estrito*.[167] Tal classificação demonstra-se útil, tendo em vista a existência de distintos regimes jurídicos a serem aplicados conforme se enquadre determinada prestação como uma ou outra das espécies de atividade mencionadas.

Enquanto a exploração de atividade econômica em sentido estrito se encontra prevista no art. 173 da Constituição e se submete a um regime privado, a prestação de serviços públicos tem fulcro no art. 175 da Carta, sendo esta última disciplinada por um regime essencialmente público, substancialmente diverso daquele primeiro.

Havendo o constituinte conferido tratamentos diversos às duas diferentes espécies do gênero atividade econômica em sentido amplo, submetendo-se cada uma a regimes e dispositivos distintos, torna-se necessário separar serviços públicos e atividades econômicas em sentido estrito para uma melhor compreensão dos institutos.

Distinção entre serviços públicos e atividades econômicas em sentido estrito. O conceito de serviço público

A polêmica acerca da distinção entre serviço público e atividade econômica em sentido estrito não é recente, havendo

---

[166] Ibid., p. 124.
[167] Ibid., p. 125.

histórica discussão a respeito dos critérios mais adequados a serem utilizados como parâmetros de separação entre as duas espécies.

Em observação interessante, nota Eros Roberto Grau que a classificação das diversas prestações em serviço público ou em atividade econômica em sentido estrito, ao longo da História, costuma encontrar-se diretamente ligada a uma disputa ideológica travada entre capital e trabalho. Havendo primazia do capital, percebe-se, via de regra, uma tendência a caracterizar a maioria das prestações enquanto atividade econômica em sentido estrito. Prevalecendo o trabalho, por outro lado, ocorre usualmente a classificação da maior parte das prestações sob a espécie dos serviços públicos.[168]

Estabelece ainda o autor que a prestação de serviço público constitui área de atuação essencialmente do poder público, ao passo que as prestações de atividades econômicas em sentido estrito caberiam, tratando-se de ordem econômica baseada na livre iniciativa, aos particulares.

Neste sentido, não por preciosismo, mas por compromisso com a correção técnica, afirma como nomenclaturas corretas a "atuação" (por se inserir na própria seara de atuação pública) do Estado na prestação de serviço público e a "intervenção" (por ser atividade a princípio alheia ao âmbito de atuação pública) do Estado na prestação de atividade econômica estrita.[169]

Mas, afinal, qual seria o âmbito de atuação do Estado que configuraria prestação de serviço público? Alguns critérios destinados a definir as características principais identificadoras dos serviços públicos foram formulados, havendo fortes críticas

[168] Ibid., p. 141.
[169] Ibid., p. 124.

contra todos eles, razão pela qual se fala em crise do conceito de serviço público.

Em tese de doutorado sobre o tema, o professor Alexandre Santos de Aragão analisou a evolução da noção de serviço público, levantando os principais critérios definidores dessa espécie de atividade econômica, bem como as respectivas críticas que lhes foram formuladas.

Destaca o professor que a ideia de serviço público ganha notoriedade e imensa importância com a escola do serviço público na França, também denominada escola de Bordeaux ainda com Duguit.[170] A "escola do serviço público" ganhou tal designação por ter como conteúdo principal a utilização do instituto do serviço público como fundamento de todo o direito administrativo.

Segundo a escola mencionada, o conceito de serviço público consistiria na base de existência do direito administrativo, constituindo a própria razão de existência dos poderes do Estado, conferidos ao poder público precisamente para os fins de (e delimitados na medida necessária para) realização de tais prestações.

Ademais, percebe-se que, com o advento da escola do serviço público, surge também uma preocupação com a delimitação por aferição de legitimação do poder público. O poder estatal não existe como fim em si mesmo,[171] mas sim como atributo

---

[170] ARAGÃO, Alexandre Santos de. *A dimensão e o papel dos serviços públicos no Estado contemporâneo*. Tese (Doutorado) – Faculdade de Direito da Universidade de São Paulo (USP), São Paulo, 2005. Mimeo. p. 76.
[171] Tal ideia de não ser o poder estatal fim em si mesmo encontra-se em perfeita sintonia com o princípio republicano, de que todo o poder emana do povo e em seu nome será exercido, consagrado em nossa Carta Magna, no art. 1º, parágrafo único. Permanecerá esta concepção muito além de pensamento exclusivo da escola de serviço público. Entre nós, atualmente, Celso Antônio Bandeira de Mello costuma substituir o termo "poder" por "dever-poder do Estado". Ainda, Diogo de Figueiredo Moreira Neto prefere a expressão "funções estatais".

conferido ao Estado para que possa desempenhar os serviços públicos, utilizando-se de seus poderes na exata medida para tal necessária. As atividades do Estado são caracterizadas como serviço público, delimitando o próprio âmbito de incidência do direito administrativo.

Nas palavras de Alexandre Santos de Aragão: "Será em contraposição à ideia alemã de Estado de Direito (*puissance*) que se contraporá a teoria de Duguit de um Estado de Direito (prestacional), que deu origem à 'Escola do Serviço Público'".[172]

O critério apresentado por Duguit a ser utilizado na identificação das atividades a serem prestadas como serviço público se caracterizou por seu caráter material. Seriam consideradas serviços públicos as atividades cuja prestação pelo Estado fosse imperiosa para que se mantivesse a "coesão social", sendo o mercado insuficiente para gerir as mesmas, tendo em vista o interesse público diante da "interdependência social".

Pelo critério material, pouco importa o agente que preste efetivamente a atividade, muito menos que regime se lhe aplica para fins de sua caracterização enquanto serviço público (ou não). Ao se classificar determinada prestação como pertencente à espécie serviço público deve-se apenas indagar se tal prestação apresenta-se indispensável à manutenção da coesão social. A respeito do tema, vale citar novo trecho da tese do professor Alexandre Santos de Aragão:

> Note-se que, ainda que não se possa concordar com toda a teoria de Duguit, certamente datada e fortemente marcada pelas concepções filosóficas e ideológicas do autor, não há como se

[172] ARAGÃO, Alexandre Santos de. *A dimensão e o papel dos serviços públicos no Estado contemporâneo*, 2005, op. cit., p. 77.

desprezar que as suas ideias sobre os serviços públicos, apesar de integrarem aquele contexto, revelaram alguns aspectos da realidade jurídico-estatal que são perenes, tais como a interdependência de todos os membros da sociedade e a necessidade de o Estado assegurar a prestação de determinadas atividades para manter o liame social.[173]

A grande e principal crítica levantada contra a existência de um critério material como parâmetro identificador dos serviços públicos se refere à fluidez dos conceitos de "interdependência/coesão/liame social". Argumenta-se que a questão "quais prestações seriam serviços públicos?" não teria sido respondida, mas simplesmente camuflada em outra: "Que atividades seriam necessárias à manutenção da coesão social?". Neste sentido, comentando as críticas formuladas a Duguit, Alexandre Santos de Aragão se manifesta:

> A quem caberia definir qual era a *communis opinio*? Quais seriam as consequências de o Estado descumprir a suposta obrigação de reconhecer legalmente a atividade como serviço público? A estas questões o autor nunca apresentou respostas satisfatórias, e este é um dos grandes pontos fracos da sua teoria.[174]

A noção de serviço público formulada por Duguit foi ainda mais fortemente abalada pela progressiva intervenção do Estado em atividades cada vez mais numerosas e de caráter nitidamente econômico em sentido estrito, com o agigantamento estatal. Vigorando a concepção clássica da escola de serviço público,

---

[173] Ibid., p. 76.
[174] Ibid., p. 80.

segundo a qual o Estado somente atuaria no âmbito delimitado pelos serviços públicos, cada vez mais atividades díspares e não necessárias à manutenção da coesão social passavam a ter de se encaixar "por marteladas" na definição de serviço público.

Embora ainda integrante da escola de Bordeaux, Gaston Jèze apresenta critério identificador dos serviços públicos radicalmente diverso daquele formulado por Duguit. Criticando justamente o subjetivismo do conceito de coesão social, Jèze busca apresentar critério dotado de maior objetividade, classificando como serviço público as prestações realizadas pelo Estado sob regime de direito público.[175] Trata-se de critério formal de identificação dos serviços públicos. Tal regime público seria depreendido de um conjunto de características presentes na regulação da relação.

A discussão histórica apresentada não se encontra encerrada. Pelo contrário, nos dias atuais, os diferentes estudiosos do direito administrativo formulam conceitos diversos de serviço público, baseando-se em critérios distintos (inclusive os já mencionados historicamente) de identificação desses serviços.

No entender de Luís Roberto Barroso, embora o "elemento formal" tenha sofrido algumas alterações, este ainda seria o fator principal de configuração dos serviços públicos.[176] Segundo este professor de direito constitucional da Uerj, o critério material se encontraria desacreditado, tendo-se em vista a enorme quantidade de áreas nas quais o Estado teria passado a atuar.[177]

Celso Antônio Bandeira de Mello, por sua vez, conceitua serviço público como

---

[175] Ibid., p. 82.
[176] BARROSO, Luís Roberto. Regime constitucional do serviço postal: legitimidade da atuação da iniciativa privada. In: _____. *Temas de direito constitucional*. Rio de Janeiro: Renovar, 2003c. t. II, p. 156.
[177] Ibid., p. 157-158.

toda atividade de oferecimento de utilidade ou comodidade material destinada à satisfação da coletividade em geral, mas fruível singularmente pelos administrados, que o Estado assume como pertinente a seus deveres e presta por si mesmo ou por quem lhe faça, às vezes, sob um regime de Direito Público.[178]

O próprio autor examina adiante, de forma analítica, o conceito que formulara, destacando pressupor em sua noção de serviço público dois elementos: um material ("comodidade material destinada à satisfação da coletividade em geral") e outro formal ("sob um regime de direito público").[179]

O professor Eros Roberto Grau, ao versar sobre o tema, formula uma crítica extremamente pertinente à utilização do critério formal na identificação dos serviços públicos. Ressalta o professor que há incoerência de ordem lógica ao se caracterizar como serviço público aquelas atividades cujas prestações se encontram sujeitas ao regime de serviço público (regime público).[180] Estar-se-ia, portanto, diante de uma tautologia. A aplicação de determinado regime na regulação da atividade constitui justamente consequência de sua classificação como serviço público.

Assim, uma vez que a atividade foi considerada serviço público, devem lhe ser aplicadas as normas do regime de direito público; não o contrário (porque, quando se aplica determinado regime, deve-se caracterizar a atividade). Conforme visto, a própria utilidade da classificação das atividades econômicas em sentido amplo como serviços públicos e atividades econômicas em sentido estrito decorre justamente das diferentes consequên-

---

[178] MELLO, Celso Antônio Bandeira de. *Curso de direito administrativo*. 17. ed. São Paulo: Malheiros, 2004. p. 620.
[179] Ibid., p. 623.
[180] GRAU, Eros Roberto. *A ordem econômica na Constituição de 1988*, 2001, op. cit., p. 143.

cias que serão imputadas às mesmas, consistentes na aplicação de regimes jurídicos distintos.

Além disso, ainda em crítica à utilização do critério formal, deve-se destacar a inexistência de "um" regime público definido e uniforme, que seria apto a identificar os serviços públicos. Neste sentido, torna-se importante registrar o entendimento de Diogo de Figueiredo Moreira Neto a respeito da aproximação entre contratos regidos sob um "regime público" e contratos regidos sob "regime privado". Segundo o ilustre doutrinador, as cláusulas exorbitantes (citadas talvez como característica mais típica do regime público na doutrina administrativa clássica) nada mais são que "modulações" do regime privado,[181] inexistindo uma barreira absolutamente rígida entre os dois regimes.

Defende o professor Diogo de Figueiredo Moreira Neto, em suas próprias palavras, um "critério funcional" de serviço público, consistindo o mesmo em atividade administrativa, assegurada ou assumida pelo Estado, que se dirige à satisfação de interesses coletivos secundários, de fruição individual e considerados, por lei, como de interesse público.[182]

Por fim, cabe ainda destacar que, além dos debatidos critérios material, formal e funcional, existe também um critério subjetivo. Por tal critério, constituiriam serviços públicos aqueles cuja prestação coubesse ao Estado, em oposição às atividades econômicas em sentido estrito, que, em princípio, caberiam à livre iniciativa.

Contudo, este critério talvez seja o mais relativizado de todos, sabendo-se que o Estado também intervém na ordem econômica mediante prestação de atividades econômicas em

---

[181] MOREIRA NETO, Diogo de Figueiredo. O futuro das cláusulas exorbitantes. *Revista da Associação da Nova Procuradoria do Estado do Rio de Janeiro*: parcerias público-privadas, v. XVII, p. 3-22, 2006.
[182] MOREIRA NETO, Diogo de Figueiredo. *Curso de direito administrativo*. 14. ed. Rio de Janeiro: Forense, 2005a. p. 425.

sentido estrito, bem como é crescente no modelo estatal atual a prestação de serviços públicos por particulares em colaboração ou parceria com a administração (como é o caso da saúde e da educação). Além do mais, tal critério se encontra sujeito ainda à mesma crítica já formulada ao critério formal. O dever de o Estado prestar ou assegurar a prestação de determinado serviço público decorre de sua necessidade para a coesão social (de ser serviço público), não o inverso (não se torna a prestação um serviço público por ser exercida pelo Estado).

Atividade econômica em sentido estrito. Regime do art. 173 da CRFB

Possuem as prestações estatais de atividade econômica em sentido estrito fulcro no art. 173 da Constituição da República. Tratando-se de modalidade de atuação estatal na ordem econômica dotada de imenso grau de intervencionismo, devem tais prestações pelo poder público constituir raras exceções. Nos termos do mencionado art. 173, *caput*, da Carta Magna, somente devem ser permitidas essas exceções em necessidade imposta pela "segurança nacional" ou em razão de "relevante interesse coletivo".

Pode-se depreender do dispositivo em análise uma função dúplice. Primeiramente, percebe-se consagrado um princípio de abstenção, não devendo o Estado, em regra, intervir mediante a prestação das atividades em tela. Também do artigo em questão, extrai-se o princípio da subsidiariedade[183] no ordenamento econômico, devendo o Estado deixar tais prestações à livre ini-

---

[183] A respeito do princípio da subsidiariedade, ver TORRES, Sílvia Faber. *O princípio da subsidiariedade no direito público contemporâneo*. Rio de Janeiro: Renovar, 2001.

ciativa, atuando somente de forma subsidiária, quando houver relevante interesse coletivo ou imperativo da segurança nacional definidos em lei.

Além disso, uma vez presentes os requisitos explicitados e possibilitada a prestação em caráter excepcional de atividade econômica em sentido estrito pelo Estado, impõe a Constituição que seja a prestação submetida a um regime privado. Tal se depreende do art. 173, §1º, II, e §2º da CRFB, que preveem, respectivamente, "sujeição ao regime jurídico próprio das empresas privadas, inclusive quanto aos direitos e obrigações civis, comerciais, trabalhistas e tributários" e que "as empresas públicas e as sociedades de economia mista não poderão gozar de privilégios fiscais não extensivos às do setor privado".

A intenção do constituinte é clara no sentido de não permitir que qualquer privilégio seja concedido às empresas estatais prestadoras de atividade econômica em sentido estrito, impedindo, assim, que atuem as mesmas em posição favorecida sobre as sociedades não estatais, em concorrência desleal.

As empresas públicas e sociedades de economia mista exploradoras de atividade econômica em sentido estrito não possuem servidores em cargo efetivo dotados de estabilidade. Submetidas ao mesmo regime de trabalho privado aplicável às sociedades particulares, contam aquelas empresas com empregados "celetistas", submetidos à CLT. Da mesma forma, não podem gozar tais empresas estatais de isenções, reduções de alíquota, parcelamentos, remissões ou qualquer outro benefício fiscal que não seja oferecido às empresas particulares em igual situação. Ainda, seus bens podem ser penhorados, sujeitas que estão ao procedimento ordinário de execução judicial.

Como resquício das normas de regime público, talvez se possa apontar a imposição da necessidade de realização de licitação e concurso público mesmo às empresas estatais que explorem atividade econômica em sentido estrito. A rigor, está-se diante de determinação cujo objetivo é resguardar os próprios princípios da administração pública, em especial a moralidade e a impessoalidade. Além do mais, embora tal regra se afaste do regime privado, não constitui evidentemente qualquer privilégio às empresas estatais.[184]

---

[184] O tema está atualmente sendo analisado pelo STF, no RE nº 441.280/RS, em que se discute a aplicabilidade do art. 1º, parágrafo único, da Lei nº 8.666/1993, à Petrobras, sociedade de economia mista. No caso, as empresas recorrentes pleiteiam indenização à Petrobras pelo cancelamento de contrato de afretamento de navios com elas firmado, submetendo-o a outra empresa sem que fosse realizada prévia licitação. O tribunal de origem reformou a sentença que havia acatado o pedido indenizatório, manifestando entendimento, por meio de seu órgão especial, a respeito da não incidência do referido dispositivo legal à Petrobras, sob o fundamento de que, por se tratar de sociedade de economia mista, seu regime jurídico seria de natureza privada. Em suas razões recursais, as empresas sustentam violação ao art. 37, XXI, da CRFB, por entender ser o regime licitatório aplicável a sociedades de economia mista, como a Petrobras. Apesar de o recurso estar ainda pendente de julgamento, aguardando decisão do Tribunal Pleno, dois ministros já proferiram seus votos, a saber, o ministro Dias Toffoli, relator do recurso extraordinário, e o ministro Marco Aurélio. O primeiro proferiu entendimento no sentido de ser inaplicável às sociedades de economia mista o regime geral de licitações, previsto na Lei nº 8.666/1993, eis que a intenção do legislador constituinte, antes e depois da reforma constitucional que alterou a redação original do art. 173, §1º, da CRFB/1988, era a proteção das atividades desempenhadas pelas sociedades ali previstas, entre as quais as sociedades de economia mista, impondo-lhes o regime de empresas privadas e assegurando que o desempenho de ditas sociedades pudesse equivaler ao das demais empresas no mercado, de maneira a afastar qualquer mecanismo de proteção ou de privilégios. Outrossim, nos termos da nova disciplina constitucional trazida pela EC nº 9/1995, a Petrobras passara a se submeter a regime diferenciado de licitação (nos termos da Lei nº 9.748/1997 e do Decreto nº 2.745/1998), uma vez que sua atividade econômica vinculara-se a um regime de livre competição, de sorte que não é possível exigir que a recorrida se subordine aos rígidos limites da licitação destinada aos serviços públicos, prevista na Lei nº 8.666/1993, sob pena de criar grave obstáculo ao normal desempenho de suas atividades comerciais. Assim, as empresas de economia mista que disputam livremente o mercado, sob o regime de empresas privadas, conforme a Constituição, deveriam estar submetidas a regramento próprio e diferenciado, de acordo com o que o constituinte derivado pretendera aperfeiçoar desde a edição da EC nº 9/1995. Divergindo do relator, o ministro Marco Aurélio deu provimento ao recurso para determinar a incidência da Lei de Licitações aos contratos firmados pela Petrobras, entendendo que as sociedades de economia mista estariam obrigadas a contratar mediante licitação, considerada a eficácia do ordenamento jurídico constitucional e o cuidado quanto à coisa pública. Aduziu que o art. 37, XXI, da CRFB teria por escopo evitar que interesses maiores fossem norteados por certa política vigente, com o fim de beneficiar algum cidadão em detrimento de outros, ressaltando a necessidade de conferir tratamento igualitário a todos aqueles que estejam dispostos a contratar com a administração pública. Consignou que a leitura da alteração legislativa promovida

Serviços públicos. Regime do art. 175 da CRFB

Conforme visto, a principal utilidade da classificação de determinada prestação como serviço público, distinguindo-a das atividades econômicas em sentido estrito, consiste na sua consequente submissão a um regime de direito público.

Possuem os serviços públicos previsão expressa no art. 175 da Constituição nos seguintes termos: "Incumbe ao poder público, na forma da lei, diretamente ou sob regime de concessão ou permissão, sempre através de licitação, a prestação de serviços públicos".

Sobressai de forma nítida, mediante leitura do dispositivo, a tão preconizada dualidade de regimes a regular serviços públicos e atividades econômicas em sentido estrito. Enquanto o art. 173, *caput*, da CRFB estabelece que o Estado não intervirá na prestação direta de atividade econômica (salvo em caráter excepcional na defesa da segurança nacional ou presente relevante interesse coletivo, conforme previstos em lei), o art. 175 da CRFB dispõe exatamente em sentido inverso no que tange à prestação de serviços públicos, incumbindo esta última justamente ao Estado.[185]

---

pela EC nº 19/1998 levaria a duas conclusões: a de que o instituto da licitação teria sido inicialmente previsto de forma a abranger as sociedades de economia mista; e a de que a lei própria ao estatuto da sociedade de economia mista e subsidiárias, bem como da empresa pública – ambas exploradoras de atividade econômica de produção ou comercialização de bens ou de prestação de serviços – deveria tratar de licitação, observados os princípios da administração pública. Afirmou que o art. 173, §1º, da CRFB originalmente dispunha que empresas públicas e sociedades de economia mista seriam pessoas jurídicas de direito privado, submetidas, portanto, a regime jurídico pertinente às empresas privadas propriamente ditas. Frisou, entretanto, que o aludido dispositivo não excluía obrigação própria da administração pública geral, mas apenas afastava tratamento preferencial, a implicar desequilíbrio de mercado. Enfatizou que, sob o ângulo da licitação, com a EC nº 19/1998 viera à baila dispositivo a especificá-la, e não a afastá-la (ver *Informativo STF*, n. 634, 10 ago. 2011). O recurso ainda está pendente de decisão final, aguardando julgamento pelo Tribunal Pleno.

[185] Neste exato sentido a lição de Eros Roberto Grau de que o Estado "atua" mediante serviços públicos, mas "intervém" pela prestação de atividade econômica em sentido estrito (GRAU, Eros Roberto. *A ordem econômica na Constituição de 1988*, 2001, op. cit.).

Situam-se os serviços públicos em seara pública, âmbito de atuação essencialmente estatal, cabendo ao poder público sua titularidade, ainda que delegue sua efetiva prestação a terceiros. Tal é consequência direta do próprio conteúdo material tocado pelos serviços mencionados. Deve o Estado prestar ou assegurar a prestação dos serviços públicos, tendo-se em vista justamente consistirem os mesmos em prestações necessárias à manutenção da coesão social.

Da mesma forma, como decorrência da peculiaridade do conteúdo de que as prestações de serviços públicos são dotadas, não só surge a possibilidade de atuação do Estado, mas também a atividade será prestada de forma bastante diversa das atividades econômicas, possuindo inúmeros princípios próprios, decorrentes da *ratio* de sua prestação.

Destarte, conforme afirmado anteriormente, enquanto as empresas estatais exploradoras de atividade econômica em sentido estrito, no desempenho de suas atividades, contam necessariamente com o trabalho de empregados celetistas regidos pela CLT, seria sustentável, com base no regime de direito público, a criação de cargos efetivos para realizar atividades-fim na prestação de serviço público pelas estatais.

Construção igualmente interessante, decorrente do alto grau de interesse público presente nas prestações de serviço público, é aquela referente ao regime de bens afetados a tais atividades. Como decorrência do sistema de precatórios previsto no art. 100 da Constituição, somente os bens públicos são dotados de impenhorabilidade. Tal proteção, no entanto, em princípio, não abarcaria os bens de empresas públicas e sociedades de economia mista, sendo estas dotadas de personalidade de direito privado.

No entanto, estando-se diante de empresas públicas ou sociedades de economia mista prestadoras de serviço público, ainda que sejam as mesmas dotadas de personalidade jurídica privada, pode ser levantada a questão quanto à impenhorabilidade dos bens afetados ao serviço, tendo-se em vista o interesse público a que estão relacionados os referidos bens, assim como o princípio da continuidade dos serviços públicos.[186] Confira-se a lição de Eros Roberto Grau, segundo a qual

> as empresas estatais são dotadas de personalidade jurídica de direito privado. Sendo assim, não gozam dos privilégios da Fazenda Pública.
>
> Não obstante – e isso deixei bem vincado no texto acima transcrito – *a circunstância de a empresa estatal prestar serviço público altera radicalmente essa assertiva.* As empresas estatais que "não apenas têm penhoráveis os seus bens, mas também estão sujeitas à falência" são as que "desenvolvem atividade econômica" (em sentido estrito, evidentemente).
>
> As demais, que prestam serviço público, não estão sujeitas à falência e seus bens são impenhoráveis.
>
> Atua, aqui, a força normativa dos princípios da supremacia do interesse público e da continuidade do serviço público.[187]

No mesmo sentido, a interdependência social, constituindo fundamento dos serviços públicos, pode ser levantada como argumento apto a permitir a concessão, a seus prestadores, de benefícios que não sejam estendidos à iniciativa privada.

[186] Neste sentido, já há posicionamento do Supremo Tribunal Federal ao se manifestar pela impenhorabilidade dos bens pertencentes à Empresa Brasileira de Correios e Telégrafos (EBCT) no Recurso Extraordinário nº 220.906/RS. Na mesma direção, cf. o AI nº 243.250 AgR/RS, julgado em 10 fev. 2004. Tal entendimento, inclusive, foi igualmente exposto mesmo diante de sociedade de economia mista, declarando a Corte constitucional a impenhorabilidade dos bens de sociedade de economia mista exploradora do serviço de metrô de São Paulo (Ação Cautelar nº 669).

[187] GRAU, Eros Roberto. Execução contra estatais prestadoras de serviço público. *Revista Trimestral de Direito Público*, n. 7, p. 100, 1994.

A vedação de concessão, a estatais, de benefícios não estendidos à iniciativa privada possui lastro na garantia de isonomia de participação no mercado. Tratando-se, todavia, de prestação de serviço público, não se encontram iniciativa privada prestadora de atividade econômica e prestador de serviço em situações iguais. Isonomia, por sua vez, não deve ser entendida como ausência de discriminação, mas sim como dever a relação entre o fator de discriminação e o fim a ser atingido estar submetida a parâmetro de razoabilidade.[188]

Nada obstante, a maior manifestação da especificidade do regime ao qual são submetidas as prestações de serviços públicos consubstancia-se nas inúmeras formulações, pela doutrina administrativista, de princípios setoriais. Os princípios, como se sabe, possuem função específica no ordenamento de dotar o mesmo ou algum de seus setores de sistematicidade.[189]

Celso Bandeira de Mello elenca como princípios atinentes à prestação de serviços públicos: (1) dever inescusável de prestação pelo Estado; (2) supremacia do interesse público; (3) adaptabilidade; (4) universalidade; (5) impessoalidade; (6) continuidade; (7) transparência; (8) motivação; (9) modicidade de tarifas; e (10) controle externo e interno. Tais princípios, segundo o autor, explicitariam justamente o regime jurídico público típico da prestação dos serviços públicos.[190]

Diogo de Figueiredo Moreira Neto, por sua vez, aponta o seguinte rol: (1) generalidade; (2) continuidade; (3) regulari-

[188] Por todos, ver MELLO, Celso Antônio Bandeira de. *O conteúdo jurídico do princípio da igualdade*. 4. ed. São Paulo: Malheiros, 2005.
[189] A respeito das diferentes funções a que se prestam princípios e regras no ordenamento, ver BARCELLOS, Ana Paula de. Alguns parâmetros normativos para a ponderação constitucional. In: BARROSO, Luís Roberto (Org.). *A nova interpretação constitucional*. Rio de Janeiro: Renovar, 2003.
[190] MELLO, Celso Antônio Bandeira de. *Curso de direito administrativo*, 2004, op. cit., p. 623.

dade; (4) eficiência; (5) atualidade; (6) segurança; (7) cortesia; e (8) modicidade.[191]

Titularidade do serviço público e titularidade da prestação

Ao estipular o art. 175 da CRFB ao poder público a incumbência da prestação dos serviços públicos, resta claro constituírem os serviços públicos âmbito de atuação *a priori* estatal, em razão da já bastante debatida relação entre o conteúdo dessas prestações e o atingimento inequívoco de interesse público.[192] Deve o Estado prestar ou assegurar a prestação dos serviços públicos. Neste sentido, pode-se falar em titularidade do serviço público pelo Estado.

O tema da titularidade de cada serviço público a ser prestado ou assegurado pelo Estado assume grande importância em nosso ordenamento, tendo em vista a forma de Estado estabelecida em nossa Constituição. Estruturando-se o Estado brasileiro de acordo com o modelo federativo, é o mesmo integrado por estados-membros dotados de autonomia. Essa autonomia se expressa, entre diversos outros fatores, pela autonomia administrativa, possuindo cada ente federativo competência administrativa própria e prestando autonomamente seus serviços públicos.

Encontrando-se o pacto federativo corporificado na Carta Magna, cabe precisamente à mesma a repartição de competências entre os diversos entes da Federação. Dessa forma, possui a União sua competência material enumerada de forma taxativa nos incisos do art. 21 da Constituição.

[191] MOREIRA NETO, Diogo de Figueiredo. *Curso de direito administrativo*, 2005a, op. cit., p. 427.
[192] Ver GRAU, Eros Roberto. *A ordem econômica na Constituição de 1988*, 2001, op. cit., p. 123. O autor afirma que os serviços públicos constituem área de atuação estatal, enquanto as atividades econômicas em sentido estrito configuram área de atuação do setor privado.

No que toca à competência material dos estados-membros, por sua vez, faz o art. 25, §2º, alusão explícita à exploração dos serviços locais de gás canalizado. No mais, com fulcro no art. 25, §1º, cabem também aos estados-membros todas as demais competências que não forem contrárias ao disposto na própria Constituição. Por tal razão, afirma-se possuir o estado-membro competência residual, o que, a rigor, não chega a compreender amplo espaço de atuação, já que o art. 21, ao enumerar as competências da União, possui nada menos que 25 incisos.

Aos municípios, ainda nos moldes do art. 30, V, foram destinados os serviços públicos de interesse local. Cabe apenas a ressalva de que os estados-membros, segundo o art. 25, §3º, podem instituir regiões metropolitanas, aglomerações urbanas e microrregiões abarcando mais de um município, hipótese em que passam a exercer diversas competências *a priori* municipais nestes perímetros.

Por fim, prevê o art. 23 CRFB competências comuns a União, estados e municípios. A repartição entre os entes dos serviços públicos atinentes às matérias previstas neste dispositivo pode ser feita com base em dois critérios.

Primeiramente, pode-se indagar a respeito do interesse prevalecente, cabendo a prestação ao ente mais interessado no caso concreto. O segundo critério de divisão de competências consistiria na aplicação do princípio da subsidiariedade federativa,[193] cabendo as prestações usuais e mais simples aos entes "menores", atuando os entes "maiores" apenas se exigida prestação de maiores proporções ou de caráter excepcional.

Deve-se distinguir, ainda, titularidade do serviço público e titularidade da prestação. Conforme analisado, o poder público

---

[193] A respeito, ver TORRES, Sílvia Faber. *O princípio da subsidiariedade no direito público contemporâneo*, 2011, op. cit.

deve, segundo disposição do art. 175 da Constituição, assegurar a prestação dos serviços públicos, tratando-se de área essencialmente de atuação estatal na busca do interesse público. Trata-se da titularidade do serviço público, conferida ao Estado. Nos moldes do estabelecido no pacto federativo encontrado na Carta Magna, depreende-se a titularidade de cada ente da federação sobre os serviços inseridos em suas competências.

Tal instituto, todavia, como bem distingue Celso Antônio Bandeira de Mello,[194] não se confunde com a titularidade da efetiva prestação do serviço. Segundo o art. 175 da CRFB/1988, pode o Estado assegurar a prestação dos serviços públicos, além de sua própria atuação direta, mediante os institutos da permissão e da concessão.

Enfim, incumbe ao Estado assegurar a prestação dos serviços públicos, possuindo, portanto, titularidade sobre os mesmos. Apesar disso, não necessariamente deverá o poder público fazê-lo mediante sua própria atuação direta. A rigor, excepcionais são justamente os casos em que a Constituição permite a prestação de determinado serviço público tão somente de forma exclusiva pelo Estado. Vejamos:

a) Pode a Constituição determinar que certo serviço público seja prestado unicamente de forma direta e exclusiva pelo Estado (para diversos autores, seria, por exemplo, o caso do serviço postal, previsto no art. 21, X, da CRFB).

b) Pode a Carta estabelecer que determinado serviço ou seja prestado diretamente pelo Estado ou que este o delegue mediante concessão ou permissão,[195] segundo o interesse da

---

194 MELLO, Celso Antônio Bandeira de. *Curso de direito administrativo*, 2004, op. cit., p. 629.

195 Concessão e permissão de serviços públicos são espécies de delegação da prestação de tais serviços pelo Estado a terceiros. Ambos os institutos exigem licitação por força do próprio art. 175 da CRFB. Classicamente, distinguiam-se concessão e permissão

administração (por exemplo, serviços de telecomunicações ou transporte interestadual – art. 21, XI e XII).

b1) Pode o Estado, inclusive, ao delegar mediante concessão ou permissão determinado serviço, ao mesmo tempo autorizar[196] o exercício da mesma atividade por outro particular sob regime privado, para estimular competitividade e eficiência do serviço.[197]

c) Há, ainda, serviços públicos de prestação direta obrigatória pelo Estado, sem menção do texto constitucional aos institutos da concessão ou permissão, mas cuja prestação é simultaneamente aberta à iniciativa privada, em caráter de atividade econômica em sentido estrito (situações clássicas da educação e saúde, que são prestadas pelo poder público enquanto serviço público, mas abertas à livre iniciativa sob a modalidade de atividade econômica).[198]

---

por ser a primeira contrato, enquanto permissão consistia em ato precário. O art. 40 da Lei nº 8.987/1995, porém, tratou da permissão enquanto "contrato precário", termos a princípio, inclusive, incompatíveis.

[196] Autorização, por sua vez, também consistiria em "ato", não contrato, distinguindo-se da permissão por haver maior interesse particular envolvido na questão, enquanto a esta última tocaria maior interesse público.

[197] Tal situação ocorre, por exemplo, no caso dos serviços de telecomunicações. Há prestadoras de serviço público de telefonia às quais tal serviço foi delegado mediante concessão e cuja atividade é regulada por regime público, havendo deveres de universalidade e modicidade de tarifas. Paralelamente, também existem autorizatárias prestando a mesma atividade de telefonia, mas sob um regime privado, enquanto atividade econômica em sentido estrito. A possibilidade de atuação simultânea de diferentes agentes sobre a mesma prestação pode trazer situações complicadas quando a atividade exigir compartilhamento de determinada estrutura, como na utilização de dutos ou redes. Nestes casos, há intrincada regulação, geralmente vedando que determinado agente impeça a utilização de tais *essential facilities* pelos demais, mas atribuindo-lhe compensação financeira pelo uso.

[198] Neste ponto, fundamental trazer a lume a ação direta de inconstitucionalidade, julgada em 6 abr. 2005 pelo Supremo Tribunal Federal, em que foi mantida a constitucionalidade da Lei Estadual nº 6.586 da Bahia. Trata-se da Adin nº 1.266/BA, cujo relator foi o ministro Eros Roberto Grau. Destina-se a Lei questionada a reger a prestação da atividade de educação por estabelecimentos privados. Em diversos de seus dispositivos, apresentou o diploma acentuado caráter interventivo, disciplinando de forma detalhada determinados temas atinentes à prestação em tela. Neste sentido: "Art. 3º. Os estabelecimentos particu-

Percebe-se, na verdade, que diversas prestações de serviços públicos, tocando diretamente as matérias ligadas à coesão social (veja-se, por exemplo, a fundamentalidade da saúde, da educação, da telecomunicação na sociedade atual), podem simultaneamente ser prestadas como atividade econômica. Isso porque, pelo simples fato de manifestarem o interesse público mencionado, não perdem tais prestações seu substrato econômico (veja-se o potencial econômico das mesmas prestações de saúde, de educação e de telecomunicação).

Fato é que a prestação de tais atividades realiza igualmente o interesse público presente em seu caráter fundamental como a dinâmica lucrativa da livre iniciativa econômica. Nada impede, salvo determinação da Carta Magna no sentido de que determi-

---

lares de ensino pré-escolar, de 1º e 2º graus divulgarão, durante o período de matrícula, a lista de material escolar solicitado, acompanhada do respectivo plano de execução. §1º. Constará deste plano de execução, de forma detalhada e com referência a cada unidade de aprendizagem do período letivo, a discriminação dos quantitativos de cada item de material escolar, seguido da descrição da atividade didática para a qual se destina, com seus respectivos objetivos e metodologia empregada. §2º. Será facultado aos pais ou, se for o caso, aos responsáveis pelo educando, optar entre fornecimento integral do material escolar no início do período letivo ou pela entrega parcial e parcelada, segundo os quantitativos de cada unidade de aprendizagem, sendo que, neste caso, far-se-á a entrega com antecedência mínima de 8 dias do início da unidade. Art. 4º. Fica vedada, sob qualquer modalidade, a cobrança de taxa de material escolar. [...] Art. 6º. Os títulos dos livros didáticos adotados pelos estabelecimentos particulares de ensino só poderão ser substituídos após transcorrido o prazo de 4 anos, contados de sua adoção. Art. 7º. Fica proibido condicionar o comparecimento e a permanência do aluno nas atividades escolares, à aquisição e/ou fornecimento de livro didático ou material escolar. Art. 8º. Os estabelecimentos particulares de ensino que descumprirem as normas da presente lei estarão sujeitos às penalidades fixadas no Código de Defesa do Consumidor e na legislação correlata". Percebe-se, de forma nítida, imenso grau de interferência estatal sobre tal atividade mediante atuação disciplinadora, o que, evidentemente, entraria em confronto direto com a livre iniciativa (princípio fundamental do Estado e fundamento da ordem econômica – arts. 1º e 170 da CRFB) em se tratando de atividade econômica em sentido estrito, desenvolvida por particular. Por maioria de votos, a Adin foi julgada improcedente e mantida a constitucionalidade da lei, nos termos do voto do relator Eros Roberto Grau. Este afirmou categoricamente que os serviços de educação, seja os prestados pelo Estado, seja os prestados por particulares, configuram serviço público não privativo, podendo ser prestados pelo setor privado independentemente de concessão, permissão ou autorização. Ainda, tratando-se de serviço público, incumbe às entidades educacionais particulares acatar as normas de educação estatais.

nada prestação seja realizada *exclusivamente* pelo Estado, que esta o seja simultaneamente em regime público enquanto serviço público e em regime privado como atividade econômica.

A rigor, havendo também substrato econômico na prestação e constituindo princípio fundamental do Estado a livre iniciativa, a regra deve ser a possibilidade de prestação dessas atividades pelo enfoque econômico, ainda que paralelamente à sua prestação como serviço público diretamente pelo Estado ou por concessionário/permissionário.

Ainda, conforme destacado por Eros Roberto Grau, a delimitação dos conceitos de serviço público e atividade econômica é historicamente condicionada.[199] Neste sentido, a atualíssima ideia de Estado de fomento/regulador, limitada sua atuação direta pelo princípio da subsidiariedade, reforça a possibilidade de a livre iniciativa, em regra, desempenhar, enquanto atividade econômica, prestações realizadas pelo Estado ou delegatários quando apresentem as mesmas substrato econômico.

Esta, aliás, deve ser a regra – inclusive porque, com a atuação simultânea da iniciativa privada, há uma tendência a melhorar-se a própria eficiência do serviço público, atingindo-se de forma mais adequada também o interesse público.

Evidentemente, tal regra deve ser excepcionada quando a própria Carta Magna determinar que certo serviço público deva ser realizado de forma direta e exclusiva pelo próprio poder público. Para muitos, esta seria a situação da exploração do serviço postal. Prescreve o art. 21, X, da CRFB ser de competência da União "manter o serviço postal e o correio aéreo nacional". Como se percebe, não menciona o dispositivo em tela de forma explícita a possibilidade de prestação de tal atividade como atividade econômica pela iniciativa privada.

---

[199] GRAU, Eros Roberto. *A ordem econômica na Constituição de 1988*, 2001, op. cit., p. 141.

Há nítida diferença entre o disposto pelo art. 21, X, e a redação, por exemplo, dos incisos XI e XII do mesmo artigo, em que há previsão expressa da possibilidade de autorização do desempenho das atividades pela livre iniciativa em caráter privado simultâneo à prestação das mesmas atividades em regime público pelo Estado ou por delegatários.

Há, igualmente, nítida diferença entre o disposto pelo art. 21, X, e a redação do art. 199, segundo o qual a "assistência à saúde é livre à iniciativa privada", a ser desempenhada como atividade econômica simultânea à prestação em regime público pelo Estado.

Assim, baseando-se em uma interpretação *a contrario sensu*, parcela significativa da doutrina entende constituir-se a prestação do serviço postal e do correio aéreo nacional em serviço público de prestação direta e exclusiva pelo poder público, não podendo tal atividade ser realizada simultaneamente em caráter privado pela livre iniciativa. Mais que isso, nem mesmo em regime público poderia ser prestada por terceiros, atuando a interpretação *a contrario sensu* também sobre o silêncio do inciso X a respeito da possibilidade de concessão ou permissão. Haveria, portanto, imposição constitucional de tal exclusividade estatal na prestação.

No entendimento do professor Eros Roberto Grau, a manutenção do serviço postal constituiria "serviço público privativo", não possuindo substrato econômico e, portanto, insuscetível de prestação pela iniciativa privada como atividade econômica em sentido estrito.[200]

Em sentido diverso, Luís Roberto Barroso utiliza-se justamente da mesma interpretação *a contrario sensu* para, comparando as diversas redações entre os incisos X (serviço postal) e XI-XII,

---

[200] Ibid., p. 147-148.

concluir que as diferenças textuais utilizadas pelo legislador indicam constituir o serviço postal atividade econômica em sentido estrito, não serviço público.[201] Desta forma, não se tratando de atividade econômica em sentido estrito submetida a monopólio estatal (por não se encontrar inserida expressamente no rol do art. 177 da CRFB), arremata o professor com a afirmação de que as atividades postais estariam abertas à livre iniciativa.

Também para Alexandre Santos de Aragão,

> o constituinte, ao utilizar o termo "manter", teria [...] [determinado], por um lado, que a União a prestasse, mas, por outro, assegurando a sua prestação também pelos particulares que desejassem fazê-lo. Os correios estariam, então, entre aquelas atividades tratadas pelo art. 173 da Constituição, com a diferença apenas de, nos termos desse artigo, ser o legislador que decide pelo exercício pelo Estado de atividade econômica *stricto sensu* em concomitância com a iniciativa privada e, no caso dos correios, a concomitância já ter sido decisão do próprio constituinte.[202]

O entendimento definitivo acerca da questão foi proferido quando do julgamento da ação de descumprimento de preceito fundamental (ADPF nº 46/DF), ocasião em que o STF, por maioria de votos e seguindo a orientação majoritária da doutrina, julgou improcedente a ação, conferindo interpretação conforme a Constituição ao art. 42 da Lei nº 6.538/1978 para restringir sua aplicação às atividades postais descritas no art. 9º do referido ato normativo.

[201] BARROSO, Luís Roberto. "Regime constitucional do serviço postal", 2003c, op. cit., p. 185.
[202] ARAGÃO, Alexandre Santos de. *Direito dos serviços públicos*. Rio de Janeiro: Forense, 2007. p. 287.

No entendimento da Corte, a legislação atacada seria plenamente compatível com a ordem constitucional vigente, não havendo, portanto, violação aos princípios da livre concorrência e da livre iniciativa, consoante alegado pela Associação Brasileira das Empresas de Distribuição (Abraed), tendo em vista que o serviço postal, na qualidade de serviço público e não atividade econômica em sentido estrito, pode ser prestado de forma exclusiva, isto é, em "situação de privilégio", não se confundindo com o monopólio. Assim, a Empresa Brasileira de Correios e Telégrafos, entidade da administração indireta da União, não apenas pode como deve, em observância ao art. 20, X, da CRFB/1988, prestar de forma exclusiva e sob privilégio o serviço postal.[203]

---

[203] Cf. a ementa do julgado: "ARGUIÇÃO DE DESCUMPRIMENTO DE PRECEITO FUNDAMENTAL. EMPRESA PÚBLICA DE CORREIOS E TELEGRÁFOS. PRIVILÉGIO DE ENTREGA DE CORRESPONDÊNCIAS. SERVIÇO POSTAL. CONTROVÉRSIA REFERENTE À LEI FEDERAL 6.538, DE 22 DE JUNHO DE 1978. ATO NORMATIVO QUE REGULA DIREITOS E OBRIGAÇÕES CONCERNENTES AO SERVIÇO POSTAL. PREVISÃO DE SANÇÕES NAS HIPÓTESES DE VIOLAÇÃO DO PRIVILÉGIO POSTAL. COMPATIBILIDADE COM O SISTEMA CONSTITUCIONAL VIGENTE. ALEGAÇÃO DE AFRONTA AO DISPOSTO NOS ARTIGOS 1º, INCISO IV; 5º, INCISO XIII; 170, CAPUT, INCISO IV E PARÁGRAFO ÚNICO, E 173 DA CONSTITUIÇÃO DO BRASIL. VIOLAÇÃO DOS PRINCÍPIOS DA LIVRE CONCORRÊNCIA E LIVRE INICIATIVA. NÃO CARACTERIZAÇÃO. ARGUIÇÃO JULGADA IMPROCEDENTE. INTERPRETAÇÃO CONFORME A CONSTITUIÇÃO CONFERIDA AO ARTIGO 42 DA LEI Nº 6.538, QUE ESTABELECE SANÇÃO, SE CONFIGURADA A VIOLAÇÃO DO PRIVILÉGIO POSTAL DA UNIÃO. APLICAÇÃO ÀS ATIVIDADES POSTAIS DESCRITAS NO ARTIGO 9º, DA LEI. 1. O serviço postal – conjunto de atividades que torna possível o envio de correspondência, ou objeto postal, de um remetente para endereço final e determinado – não consubstancia atividade econômica em sentido estrito. Serviço postal é serviço público. 2. A atividade econômica em sentido amplo é gênero que compreende duas espécies, o serviço público e a atividade econômica em sentido estrito. Monopólio é de atividade econômica em sentido estrito, empreendida por agentes econômicos privados. A exclusividade da prestação dos serviços públicos é expressão de uma situação de privilégio. Monopólio e privilégio são distintos entre si; não se os deve confundir no âmbito da linguagem jurídica, a qual ocorre no vocabulário vulgar. 3. A Constituição do Brasil confere à União, em caráter exclusivo, a exploração do serviço postal e o correio aéreo nacional [artigo 20, inciso X]. 4. O serviço postal é prestado pela Empresa Brasileira de Correios e Telégrafos – ECT, empresa pública, entidade da Administração Indireta da União, criada pelo Decreto-Lei nº 509, de 10 de março de 1969. 5. É imprescindível distinguirmos o regime de privilégio, que diz com a prestação dos serviços públicos, do

Questões de automonitoramento

1. Após ler este capítulo, você é capaz de resumir o caso gerador do capítulo 7, identificando as partes envolvidas, os problemas atinentes e as soluções cabíveis?
2. Relacione atividade econômica em sentido amplo, atividade econômica em sentido estrito e serviços públicos.
3. Quais os principais critérios formulados para aferir a caracterização ou não de determinada atividade como serviço público? Quais as principais críticas feitas à adoção de cada um desses critérios?
4. Apresente duas distinções entre o regime a que se submetem as empresas estatais exploradoras de atividade econômica e aquele a que se submetem as prestadoras de serviços públicos.
5. Diferencie titularidade do serviço e titularidade da prestação.
6. A prestação de determinada atividade pelo poder público como serviço público necessariamente afasta a possibilidade de participação de particulares no setor?
7. Descreva alternativas para a solução do caso gerador do capítulo 7.

---

regime de monopólio sob o qual, algumas vezes, a exploração de atividade econômica em sentido estrito é empreendida pelo Estado. 6. A Empresa Brasileira de Correios e Telégrafos deve atuar em regime de exclusividade na prestação dos serviços que lhe incumbem em situação de privilégio, o privilégio postal. 7. Os regimes jurídicos sob os quais em regra são prestados os serviços públicos importam em que essa atividade seja desenvolvida sob privilégio, inclusive, em regra, o da exclusividade. 8. Arguição de descumprimento de preceito fundamental julgada improcedente por maioria. O Tribunal deu interpretação conforme à Constituição ao artigo 42 da Lei nº 6.538 para restringir a sua aplicação às atividades postais descritas no artigo 9º desse ato normativo" (BRASIL. Supremo Tribunal Federal. ADPF nº 46. Pleno. Relator: ministro Marco Aurélio. Relator p/ acórdão: ministro Eros Grau. Julgamento em 5 ago. 2009).

6

Monopólios estatais

Roteiro de estudo

A noção de monopólio

A compreensão da noção de monopólio não é uníssona. Há, em doutrina e jurisprudência, entendimentos diversos a respeito do conteúdo abarcado pelo termo.[204] A busca de seu correto significado, entretanto, apresenta-se extremamente relevante, tendo em vista as consequências jurídicas conferidas às atividades submetidas a tal regime pelo ordenamento jurídico.

Classificações e nomenclaturas não são certas ou erradas,[205] mas úteis ou inúteis conforme se prestem ou não a facilitar a apreensão de determinada realidade ou a lhe imputar consequências estipuladas.

---

[204] Exemplo mais eloquente da diversidade alegada foi representado pela Adin nº 3.273, em que foram explicitadas concepções diversas de monopólio estatal.

[205] GRAU, Eros Roberto. *A ordem econômica na Constituição de 1988*. 6. ed. São Paulo: Malheiros, 2001; MELLO, Celso Antônio Bandeira de. *Curso de direito administrativo*. 17. ed. São Paulo: 2004.

A intervenção estatal direta em regime de monopólio constitui a modalidade de atuação do poder público sobre a ordem econômica dotada do mais alto índice de intervencionismo, encontrando-se suas hipóteses expressa e taxativamente previstas na Constituição. Impõe a Carta Magna que determinadas atividades econômicas em sentido estrito sejam retiradas da esfera da livre iniciativa, sendo prestadas unicamente pelo Estado. Trata-se, a rigor, de normas de caráter dúplice, impondo a atuação estatal e, ao mesmo tempo, vedando terminantemente qualquer participação de outro agente no setor.

Dessa forma, mais que útil, torna-se necessário saber o que se entende por monopólio. Como identificar o que exatamente caracteriza a atuação vedada aos demais agentes ao ser instituído pela Constituição determinado monopólio? Deve-se buscar compreender a noção de monopólio para corretamente delimitar que atividades podem violá-la, sendo, portanto, vedadas pela Constituição.

A ideia de monopólio, conforme destaca Nelson Eizirik, advém da teoria econômica, havendo sido incorporada pela linguagem jurídica com o mesmo significado. Segundo o autor, "a noção de monopólio na teoria econômica constitui a antítese à de concorrência perfeita".[206] Os pressupostos básicos do modelo de concorrência ou mercado competitivo para determinado produto, por sua vez, ainda no entender do professor, são os seguintes:

❏ os produtores desejam maximizar seus lucros, por um lado, e os consumidores, por outro lado, estão interessados em maximizar sua utilidade;

❏ existe um grande número de compradores e vendedores efetivos e potenciais;

[206] EIZIRIK, Nelson. Monopólio estatal da atividade econômica. *Revista de Direito Administrativo*, Rio de Janeiro, n. 194, p. 71, out./dez. 1993.

❏ todos os compradores efetivos e potenciais têm perfeito conhecimento de todas as oportunidades existentes de comprar e vender, ou seja, a informação sobre preços e produtos é livre;

❏ os compradores veem todas as unidades do produto como homogêneas;

❏ os fatores de produção são perfeitamente móveis;

❏ os processos produtivos são perfeitamente divisíveis, isto é, prevalecem os rendimentos constantes de escala;

❏ somente os bens privados puros são comprados e vendidos, isto é, não há externalidades, ninguém sofre prejuízos ou recebe benefícios extras quando compra o produto.[207]

No modelo ideal de concorrência, os preços são ditados naturalmente pelo mercado. A competição entre os diversos agentes econômicos no desempenho simultâneo da mesma atividade atua como incentivo à busca da maior eficiência, reduzindo preços e aumentando qualidade, sob pena de não aceitação do produto pelo mercado.[208] Tendo em vista a evidência dos benefícios trazidos por tal sistema, o princípio da livre concorrência, que já seria desdobramento da própria livre iniciativa,[209] encontra-se expressamente consagrado enquanto princípio setorial da ordem econômica constitucional pátria no art. 170, IV, da CRFB.

---

[207] Ibid., p. 71-72.

[208] Por isso, inclusive, pode a própria livre concorrência, muitas vezes, representar a principal forma de proteção ao direito do consumidor. Há permanente tensão entre a livre iniciativa e o princípio da proteção ao consumidor. Em regra, aquela será garantia geral deste, havendo, entretanto, situações em que o poder público deve intervir em limitação à livre concorrência justamente para proteger o consumidor.

[209] Segundo Luís Roberto Barroso, pode-se desmembrar a livre iniciativa em propriedade privada dos meios de produção; liberdade de empresa (somente cabendo autorização para seu desempenho quando exigida em lei – art. 170, parágrafo único); livre concorrência; e liberdade de contratar (fruto do próprio art. 5º, II). Ver BARROSO, Luís Roberto. A ordem econômica constitucional e os limites à atuação estatal no controle de preços. In: _____. *Temas de direito constitucional*. Rio de Janeiro: Renovar, 2003a. t. II, p. 51-52.

A noção de monopólio, em total antítese, como bem foi destacado, representa regime com consequências inteiramente diversas. Pelo monopólio, não há pluralidade de agentes a desempenhar determinada atividade econômica.[210] Há atuação em caráter de exclusividade por determinado agente no setor. Monopólio, todavia, não significa a propriedade exclusiva dos meios de produção, mas sim a situação em que o vendedor é o único fornecedor do produto. Deve-se, necessariamente, apartar propriedade integral por um só agente dos bens de produção e monopólio.[211] Este último se refere tão somente à exclusividade na prestação de atividade, no fornecimento de determinado produto, havendo impossibilidade de atuação simultânea e independente dos demais agentes econômicos no setor.

Neste sentido, exatamente ao inverso do regime concorrencial, há uma nítida tendência à perda de eficiência, percebendo-se aumento significativo dos preços e redução da qualidade das prestações. Isso ocorre por inexistir a possibilidade de rejeição da prestação pelo mercado, não havendo outra opção oferecida. Preocupa-se o agente econômico unicamente com seus lucros, justamente incrementados pelo aumento máximo de preços (até o ponto que o mercado consiga suportar) com o gasto mínimo em investimentos para melhorar a prestação.

Bem sintetiza Nelson Eizirik a questão nos seguintes termos:

> Com efeito, no monopólio o preço não é fixado pelo mercado. A característica básica do monopólio, assim, é o poder de influen-

---

[210] Ainda não caracterizada a unicidade do monopólio, mas já caracterizada a ausência de livre concorrência, encontram-se os oligopólios nos quais estão presentes poucos agentes com domínio do mercado.

[211] EIZIRIK, Nelson. "Monopólio estatal da atividade econômica", 1993, op. cit., p. 74. Esta distinção, fundamental ao correto entendimento da noção de monopólio, será extremamente relevante no que toca à possibilidade de participação, em certas atividades, de outros agentes na área de petróleo, permitida pela EC nº 9/1995.

ciar preço ou quantidade produzida. O monopolista, portanto, é o controlador da oferta de um determinado produto que não possui um substituto; seu poder básico é o de fixar preço e quantidade de determinado produto.[212]

Além da notória afronta à livre iniciativa e à liberdade de concorrência, portanto, o regime de monopólio implica contrariedade a diversos outros relevantes interesses tutelados pela Constituição, como a proteção do consumidor e a busca de eficiência.

Por tais razões, prevê a Constituição expressamente o dever de intervenção estatal sobre o domínio econômico no intuito de combater o desempenho de abusos econômicos, bem como a formação de monopólios. Dispõe o art. 173, §4º, da Carta Magna: "A lei reprimirá o abuso do poder econômico que vise à dominação dos mercados, à eliminação da concorrência e ao aumento arbitrário dos lucros".[213]

Assim, deve, desta forma, o Estado zelar pela pluralidade de agentes econômicos a prestar atividades em determinado setor, visando aos diversos interesses constitucionais protegidos pela competitividade do regime concorrencial. Trata-se, neste ponto, de vedação aos monopólios surgidos de forma econômica entre os particulares em desempenho de suas atividades, e não de vedação ao monopólio estatal legal.

Os monopólios estatais

Ao mesmo tempo que veda, pelas inúmeras razões negativas citadas, a realização de atividades econômicas por particulares

---

[212] Ibid., p. 73.
[213] Ver Lei nº 12.529/2011.

em regime monopolístico, a Constituição institui expressamente os denominados monopólios estatais. "Recorta" determinadas atividades econômicas em sentido estrito, âmbito de atuação *a priori* destinado à livre iniciativa, instituindo sobre as mesmas o dever de prestação com exclusividade pelo poder público. Trata-se precisamente de um monopólio, em que o único agente a desempenhar a atividade é o próprio Estado, sendo vedada a participação simultânea de qualquer outro prestador.

Por isso, não está a Carta Magna, ao estabelecer tais monopólios estatais, de forma alguma, afirmando não acarretarem os mesmos aquelas consequências negativas atribuídas aos monopólios em geral. Perceba-se que se encontram presentes também nos monopólios estatais diversas das mesmas indesejadas afrontas a interesses tutelados pela Constituição. Ao prestar determinada atividade em regime de monopólio, há enorme incentivo à ineficiência também dos entes da administração pública.

Há tendência à acomodação mesmo diante da péssima qualidade das atividades prestadas, não existindo risco de não aceitação das mesmas pelo mercado, em face da falta de opção. Talvez, a diferença existente pela presença do Estado seja o não interesse em incremento dos lucros pelo aumento dos preços. Isto, todavia, geralmente acarreta a necessidade de subsídios por verbas do orçamento público, gerando o também combatido déficit.

Não institui a Constituição monopólios estatais enquanto veda terminantemente o surgimento daqueles entre os particulares, portanto, por encontrar-se o poder público livre das mazelas da ineficiência, da insatisfação dos consumidores ou da supressão da livre iniciativa. Ocorre, nada obstante, haver o constituinte entendido existirem determinadas atividades econômicas essenciais, tocadas nitidamente de caráter estratégico. Este é o fator a justificar a instituição dos monopólios estatais pela Carta.

A respeito do tema, evidencia-se como fundamental trazer a lume escrito do professor Caio Tácito:

> No plano conceitual impõe-se distinguir o monopólio de fato e o monopólio de direito, perante os quais diversamente se comporta a ordem jurídica.
>
> No monopólio de fato a concentração capitalista se exacerba materialmente em detrimento da liberdade econômica, e a norma jurídica secundária opera como sanção à conduta ilícita, em defesa do princípio da concorrência.
>
> Quando, no entanto, o interesse público recomenda que se reserve ao Estado a exclusividade de determinada atividade econômica, em proteção de relevante interesse geral, a norma jurídica se dirige, primariamente, à garantia do privilégio estatal.
>
> É mister caracterizar o monopólio de fato em confronto com o monopólio jurídico. Na primeira modalidade, o monopolizador adquire a qualidade por ato próprio, fundado em condições peculiares de poder econômico ou de tecnologia privilegiada, tendentes a excluir a concorrência de terceiros.
>
> Contrariamente, no monopólio de direito, é a lei que torna privativa do Estado a atividade econômica, emitindo ato de vedação da concorrência, declarada ilícita.[214]

Neste sentido, dispõe o art. 177 a respeito de tais atividades estratégicas:

> Constituem monopólio da União:
> I. a pesquisa e a lavra das jazidas de petróleo e gás natural e outros hidrocarbonetos fluidos;

---

[214] TÁCITO, Caio. Importação de gás. Acordo binacional. Gasoduto. Monopólio da União. Participação da iniciativa privada (Parecer). *Revista Forense*, Rio de Janeiro, v. 324, p. 106, out./dez. 1993.

II. a refinação do petróleo nacional ou estrangeiro;

III. a importação e exportação dos produtos e derivados básicos resultantes das atividades previstas nos incisos anteriores;

IV. o transporte marítimo do petróleo bruto de origem nacional ou de derivados básicos de petróleo produzidos no País, bem assim o transporte, por meio de conduto, de petróleo bruto, seus derivados e gás natural de qualquer origem;

V. a pesquisa, a lavra, o enriquecimento, o reprocessamento, a industrialização e o comércio de minérios e minerais nucleares e seus derivados.

Pode-se destacar, ainda, o duplo sentido das normas contidas no dispositivo transcrito: há simultaneamente um dever de prestação estatal das atividades mencionadas e a vedação, a princípio, à participação de qualquer outro agente econômico nos setores do petróleo e dos minérios nucleares.[215]

O Estado, ao atuar no desempenho de tais prestações, intervém diretamente mediante prestação de atividade econômica em sentido estrito, por absorção.

De forma simultânea, o mesmo dispositivo, ao instituir monopólios, veda, em princípio, a participação dos demais agentes sobre as atividades enumeradas. Enquanto deve o Estado necessariamente intervir disciplinarmente contra a formação de monopólios privados (art. 173, §4º, da CRFB), deve intervir diretamente prestando, em regime de monopólio, as atividades estabelecidas no art. 177 da Constituição.

Por certo, tendo-se em vista as inúmeras tensões a que se submete o regime de monopólio com relevantes interesses tute-

[215] As vedações à participação de particulares nas atividades relativas ao monopólio do petróleo foram, conforme veremos, relativizadas pela Emenda Constitucional nº 9, de 1995.

lados pela Carta, inclusive supressão do princípio fundamental da livre iniciativa sobre determinadas atividades, somente se justifica o mesmo em caráter absolutamente excepcional por razões estratégicas e nas hipóteses taxativamente previstas na Constituição.[216]

Se a intervenção direta por mera participação já se caracteriza pela excepcionalidade, justificada unicamente pela presença de imperativo da segurança nacional ou relevante interesse coletivo, o que dizer da intervenção por absorção, que exclui inteiramente a participação da iniciativa privada?

---

[216] Questão interessante diz respeito à possibilidade de instituição de monopólios estatais por lei ou apenas por decisão constituinte. Considerando que o monopólio estatal é uma forma de intervenção do Estado no domínio econômico absolutamente excepcional, estaria a legislação ordinária apta a criar novas formas de monopólios estatais além dos já previstos na Constituição? Tal discussão assume relevo quando se analisa a instituição das loterias, atividade monopolizada pelo Estado e instituída por lei. Para a grande maioria da doutrina, em termos gerais, a criação de novos monopólios estatais é prerrogativa exclusiva do legislador constituinte, através de emendas constitucionais. Neste sentido, para Sergio Ferraz, "a ingerência estatal (sob qualquer modalidade) na economia brasileira é excepcional, restritivamente analisadas suas hipóteses de cabimento, com os olhos em foco na realidade de que a finalidade a se buscar é a da contenção das intervenções. E isso compõe o perfil de nosso Estado democrático de direito, por cuja integridade todos somos responsáveis" (FERRAZ, Sergio. Intervenção do Estado no domínio econômico geral: anotações. In: FILHO, Romeu Felipe Bacellar (Coord.). *Direito administrativo contemporâneo*: estudos em memória ao professor Manoel de Oliveira Franco Sobrinho. Belo Horizonte: Fórum, 2004. p. 338). Seguindo a mesma linha de raciocínio, Nelson Eizirik: "A intervenção estatal na economia [...], quando não estiver a serviço do valor liberdade, é excepcional, necessariamente decorrente de dispositivos constitucionais expressos, os quais devem ser objeto de interpretação restritiva, descabendo qualquer aplicação de métodos hermenêuticos análogos ou que possam importar em ampliação da atuação estatal no domínio econômico" (EIZIRIK, Nelson. "Monopólio estatal da atividade econômica", 1993, op. cit., p. 66). No que diz respeito à atividade lotérica, o professor e constitucionalista Luís Roberto Barroso, em parecer sobre a competência dos estados-membros para disciplinar e explorar a modalidade lotérica de bingo, afirma que: "Não estando o serviço público de loterias previsto dentre as atividades econômicas (CF, art. 177) e serviços públicos (art. 21, X, XI e XII) reservados expressamente à União pela Constituição da República, não há que se cogitar de monopólio federal sobre ele [...] presentemente, a legislação infraconstitucional simplesmente não está autorizada a criar monopólios de atividades econômicas ou de serviços públicos" (BARROSO, Luís Roberto. Natureza jurídica das loterias e bingos. Competências dos estados-membros na matéria. In: _____ (Org.). *Temas de direito constitucional*. Rio de Janeiro: Renovar, 2001. t. I, p. 475-476).

Em entendimento consonante, Diogo de Figueiredo Moreira Neto afirma expressamente que a "intervenção monopolística é a forma mais radical de intervenção do Estado na economia, havendo supressão da livre iniciativa".[217] Ainda, prossegue o professor para distinguir a existência de um "sentido econômico" e um "sentido juspolítico" de monopólio. Pelo primeiro, deve-se entender a ideia de eliminação da concorrência. Quanto ao sentido juspolítico, infere-se que corresponderia a uma exceção à liberdade constitucional de competição.

Localização dos monopólios estatais entre as modalidades de atuação do poder público sobre o domínio econômico

O poder público, como se sabe, age sobre o domínio econômico mediante distintas modalidades, segundo as diferentes finalidades e intensidades que deseja atingir. Cada uma de tais espécies de atuação encontra-se mais ou menos tutelada pela ordem constitucional econômica, conforme o ideal – intervencionista ou liberal – sobre o qual se estrutura o ordenamento.

Fundada a ordem econômica brasileira sobre o princípio da livre iniciativa,[218] sendo também consagrada como princípio setorial a livre concorrência, a intervenção por disciplina já nasce limitada. Não constitui a direção estatal regra, mas exceção admitida tão somente quando necessária à realização de outros interesses igualmente tutelados pela ordem compromissória. Não se trata, porém, da modalidade dotada de maior intensidade interventiva.

---

[217] MOREIRA NETO, Diogo de Figueiredo. *Curso de direito administrativo*. 14. ed. Rio de Janeiro: Forense, 2005a.
[218] A rigor, constitui a livre iniciativa princípio fundamental do Estado, consagrado no art. 1º da Constituição.

Contudo, ao intervir por indução ou fomento, o Estado não impõe determinada conduta coercitiva aos agentes. De forma opcional, oferece o poder público estímulos para que o particular voluntariamente desempenhe as atividades desejadas pelo interesse público. Esta modalidade, caracterizada como a de menor grau de intervencionismo, encontra-se em perfeita sintonia com a ideia de administração consensual.[219]

Por fim, pode o Estado atuar diretamente ao assumir a prestação de atividades. Neste ponto, cabe distinguir a atuação direta estatal pela prestação de serviços públicos e a intervenção direta estatal pela prestação de atividades econômicas em sentido estrito.[220]

Perceba-se que a intervenção direta já possui intensidade intervencionista bastante maior que a direção. O Estado não apenas restringe a livre iniciativa por disciplina das atividades prestadas por particulares, mas passa a prestar – ele próprio – tais atividades.[221]

Assim, a intervenção estatal direta, mediante prestação de atividade econômica em sentido estrito, pode ser dividida em duas subespécies: a intervenção por absorção e a intervenção por participação. Ao "participar", o Estado presta determinada

---

[219] Ver MOREIRA NETO, Diogo de Figueiredo. *Direito regulatório*. Rio de Janeiro: Renovar, 2005b.

[220] A respeito da divisão do gênero atividade econômica em sentido amplo nas espécies serviço público e atividade econômica em sentido estrito, ver GRAU, Eros Roberto. *A ordem econômica na Constituição de 1988*, 2001, op. cit. Sobre a caracterização da noção de serviço público, ver ARAGÃO, Alexandre Santos de. *A dimensão e o papel dos serviços públicos no Estado contemporâneo*. Tese (Doutorado) – Faculdade de Direito da Universidade de São Paulo (USP), São Paulo, 2005. Mimeo.

[221] Precisamente por tal razão, define o art. 173, *caput*, da CRFB o caráter bastante excepcional da intervenção direta, permitida unicamente nas hipóteses de imposição pela segurança nacional e pelo relevante interesse coletivo. Neste sentido também a ideia de princípio da subsidiariedade sobre a atuação econômica estatal. Por todos, ver TORRES, Sílvia Faber. *O princípio da subsidiariedade no direito público contemporâneo*. Rio de Janeiro: Renovar, 2001.

atividade econômica em sentido estrito sem, todavia, impedir sua prestação simultânea pelos diversos agentes econômicos da iniciativa privada. Desempenha o poder público a atividade em regime concorrencial.

Pela intervenção direta por absorção, o Estado passa a desempenhar determinada atividade econômica em sentido estrito com exclusividade. Fica vedada a prestação simultânea em concorrência da atividade em tela por qualquer outro agente econômico. Nesta seara se delineiam os denominados "monopólios estatais": intervenção estatal direta sobre o domínio econômico mediante a prestação de atividade econômica em sentido estrito, sendo vedada qualquer participação concorrencial simultânea.

Evidentemente, trata-se da modalidade de intervenção estatal dotada do mais alto grau de intervencionismo, ocorrendo verdadeira exclusão da livre iniciativa sobre setores abrangidos por tal regime. Assim, nem mesmo a caracterização legal de relevante interesse coletivo ou de imperativo da segurança nacional é capaz de legitimar a instituição dessa modalidade de intervenção. Somente nos casos expressamente previstos na própria Carta Magna, taxativamente enumerados em seu art. 177, poderá haver monopólio.[222]

Tais hipóteses de monopólio, por fim, não se confundem com as prestações de serviço público com exclusividade. Estas se inserem no âmbito de atuação eminentemente estatal, ao contrário daqueles, que abarcam atividades econômicas em sentido estrito, que *a priori* constituiriam setor de manifestação da livre iniciativa, mas que foram da mesma retirados.

---

[222] Situação diversa ocorria na ordem constitucional anterior ao advento da Constituição de 1988, quando podiam ser estabelecidos regimes de monopólio com fulcro unicamente em ato normativo infraconstitucional.

Monopólios estatais e serviços públicos: regime aplicável

Devem-se distinguir monopólios estatais e prestação em caráter de exclusividade de serviço público pelo Estado. Enquanto a prestação de serviço público constitui âmbito de prestação essencialmente estatal, tendo-se em vista a natureza da atividade, os monopólios estatais recaem sobre as atividades econômicas em sentido estrito, seara *a priori* conferida ao desempenho dos agentes privados pela livre iniciativa.[223]

A respeito do tema, confira-se a posição de Eros Grau:

> Reporto-me à necessidade de apartarmos o regime de privilégio, de que se reveste a prestação dos serviços públicos, do regime de monopólio sob o qual, algumas vezes, a exploração de atividade econômica em sentido estrito é empreendida pelo Estado. Um e outro são distintos entre si.[224]

Segundo o ilustre ministro, atividades econômicas em sentido estrito podem se submeter a monopólio estatal, enquanto os serviços públicos constituem "exclusividade" estatal, sob "privilégio".[225]

Longe de mero preciosismo terminológico, levanta o autor que as diferentes designações correspondem à submissão a re-

---

[223] Como qualquer questão terminológica, porém, há muitas vezes o uso indiscriminado e fungível das expressões. Frequentemente se discutia, por exemplo, a existência ou não de "monopólio" estatal sobre a prestação do serviço postal. O STF pôs fim a essa discussão com o julgamento da ADPF nº 46, em que declarou, por maioria de votos, que a prestação do serviço postal é serviço público, e não atividade econômica em sentido estrito, podendo, assim, ser realizada de forma exclusiva (em "situação de privilégio"), o que não se confunde com a figura jurídica do monopólio. Cf. BRASIL. Supremo Tribunal Federal. ADPF nº 46. Relator: ministro Marco Aurélio. Relator p/ acórdão: ministro Eros Grau. Pleno. Julgamento em 5 ago. 2009.

[224] GRAU, Eros Roberto. *A ordem econômica na Constituição de 1988*, 2001, op. cit., p. 160.

[225] Ibid. Este foi o entendimento consolidado na jurisprudência do STF, com o julgamento da ADPF 46, conforme acima citado, e cuja relatoria para acórdão coube, inclusive, ao ministro Eros Grau.

gimes jurídicos diversos. Dessa forma, por exemplo, enquanto o Estado se encontraria obrigado a prestar determinado serviço público por imposição do princípio da continuidade do serviço público, o poder público estaria compelido a desempenhar atividade econômica submetida a monopólio por fundamento inteiramente diverso: a caracterização de abuso econômico em caso de não prestação.[226]

Ainda, para Celso Antônio Bandeira de Mello, "tais atividades monopolizadas não se confundem com serviços públicos. Correspondem, pura e simplesmente, a atividades econômicas subtraídas do âmbito da livre iniciativa".[227]

Nelson Eizirik, comentando a obra citada de Eros Grau, concorda:

> Já a atividade econômica do Estado em sentido estrito, conforme a lúcida análise de EROS ROBERTO GRAU, significa a sua ação propriamente como agente econômico. Tal ação pode ocorrer em duas modalidades: ou em regime de competição ou em regime de monopólio. Assim, atuação monopolística do Estado na economia importa em exercício de atividade econômica em sentido estrito, enquanto a exclusividade da prestação de serviços públicos constitui expressão de uma situação de privilégio.[228]

Ainda, mais à frente, afirma categoricamente o professor:

> No nosso sistema constitucional, portanto, conforme refere a doutrina, não se confunde o serviço público com o monopólio,

---

[226] Ibid., p. 162.

[227] MELLO, Celso Antônio Bandeira de. *Curso de direito administrativo*, 2004, op. cit., p. 648.

[228] EIZIRIK, Nelson. "Monopólio estatal da atividade econômica", 1993, op. cit., p. 68.

posto que o primeiro submete-se a um regime jurídico especial, de direito público. O exercício de atividade econômica sob regime de monopólio, ao contrário, constitui atuação empresarial do Estado, sujeita, portanto, ao regime de direito privado.[229]

Como assevera o professor na passagem transcrita, a questão ganha relevo ao se indagar a respeito da existência de diversos regimes jurídicos a que se submetem serviços públicos e atividades econômicas em sentido estrito. Como se sabe, aqueles primeiros são regidos por disciplina pública peculiar em decorrência do relevante interesse público presente em suas prestações. Por outro lado, as atividades econômicas em sentido estrito são desempenhadas pelo Estado em consonância com normas de regime privado geral imposto a todos os agentes da iniciativa privada.

Defende-se, por exemplo, a impenhorabilidade em execução dos bens de empresas públicas e sociedades de economia mista, ainda que sejam ambas as pessoas jurídicas de direito privado, não abarcadas expressamente pelo regime de precatórios do art. 100 da CRFB. Da mesma forma, pode-se sustentar a existência de benefícios fiscais não estendidos às sociedades da iniciativa privada, mesmo a existência de imunidade constitucional.

Neste sentido, faz-se necessário entender que as atividades submetidas a monopólio estatal constituem atividade econômica em sentido estrito, não serviço público, devendo, portanto, ser disciplinadas por regime de direito privado aplicável aos demais agentes econômicos da livre iniciativa.

Dessa forma, seus bens não são dotados de impenhorabilidade, submetendo-se ao procedimento normal de execução,

---

[229] Ibid., p. 70.

como já ressaltado. De igual modo, devem arcar com os mesmos ônus tributários impostos a outras sociedades em situação análoga, não podendo gozar de qualquer privilégio odioso. Por fim, seus empregados são celetistas, regidos pela Consolidação das Leis do Trabalho (CLT).

Posição peculiar é a da atividade "gás". Segundo Eros Grau, a exploração do transporte, por meio de conduto, de gás natural de qualquer origem, é atividade econômica em sentido estrito constitucionalmente atribuída à União, segundo o art. 177. Entretanto, a distribuição local de gás canalizado é serviço público constitucionalmente atribuído à competência dos estados-membros pelo art. 25, §2º. A distribuição local de gás engarrafado, por fim, é novamente atividade econômica em sentido estrito.[230]

Diogo de Figueiredo Moreira Neto, porém, destaca como atividades submetidas a monopólio estatal, além de petróleo, gás e minérios nucleares (art. 177), também o serviço postal (art. 21, X) e o gás canalizado (art. 25, §2º), todos da CRFB.[231]

Caio Tácito, igualmente, afirma como monopólio, além das atividades previstas no art. 177, a exploração de gás canalizado do art. 25, §2º.[232]

Monopólios na Constituição de 1988: transformações na ordem econômica

A ordem constitucional econômica pátria já sofreu, desde a promulgação da Carta Magna em 1988 até os presentes dias,

---

[230] GRAU, Eros Roberto. *A ordem econômica na constituição de 1988*, 2001, op. cit., p. 162-163.

[231] MOREIRA NETO, Diogo de Figueiredo. *Curso de direito administrativo*, 2005a, op. cit.

[232] TÁCITO, Caio. "Importação de gás. Acordo binacional. Gasoduto. Monopólio da União. Participação da iniciativa privada (Parecer)", 1993, op. cit., p. 107.

significativas alterações. Entre as mudanças trazidas por tais transformações, houve afetação ao regime original de monopólios.

Conforme se sabe, as diferentes modalidades de atuação estatal sobre o domínio econômico denotam intensidades diversas de intervenção do Estado na economia. Neste sentido, a maior ou menor tutela da atuação estatal e as modalidades escolhidas pelo constituinte para efetivar tal atuação constituem reflexo direto do ideal econômico sobre o qual se estrutura o ordenamento jurídico de determinado Estado.

Um Estado totalitário tende a constituir ordenamento que tutele o mais alto grau de intervenção do poder público sobre a economia, mesmo a intervenção direta por absorção como regra. Diferentemente, o Estado de viés mais liberal provavelmente baseie sua atuação econômica tão somente sobre o fomento.

Esta importante característica destacada da ordem econômica constitucional traz como relevante consequência seu caráter necessariamente histórico. Tal não se dá de forma diferente com a ordem pátria.

A Constituição de 1988 surgiu como fruto de uma pluralidade de interesses em nítido compromisso[233] após a derrocada da ditadura militar. Dessa forma, ao mesmo tempo que previa a Carta o caráter excepcional da atuação direta estatal (art. 173, *caput*), estabelecia diversos princípios-fins a serem atingidos (o que evidentemente atua no sentido de aumentar a conformação da economia pelo poder público), bem como os casos de monopólio.

Os anos que se seguiram foram marcados indubitavelmente pela ideologia econômica neoliberal.[234] A Constituição da

---

[233] Maior prova é a presença da "livre iniciativa" e do "valor do trabalho humano" lado a lado, como fundamentos da ordem econômica e princípios fundamentais do Estado (arts. 1º e 170 da CRFB).

[234] Principalmente os governos dos presidentes Fernando Collor de Mello e Fernando Henrique Cardoso.

República neste período, refletindo as influências dos fatores econômicos sobre o direito, sofreu alterações em pilares fundamentais da ordem econômica, verdadeiramente se adaptando ao novo ideal político-econômico dominante.[235]

O Estado brasileiro havia crescido exageradamente em sua história, encontrando-se a máquina administrativa demasiadamente "inchada". Contava a administração com inúmeras estatais deficitárias, altamente corruptas e ineficientes.

Neste sentido, progressivamente aumentou o repúdio da ordem constitucional econômica à atuação estatal sobre o domínio econômico. Paulatinamente, retirou-se o Estado das modalidades dotadas de maior intervenção, privatizando sociedades que prestavam diretamente atividades econômicas e até mesmo delegando serviços públicos. Molda-se um Estado regulador ou de fomento. Evidentemente, o modelo dotado de maior grau de intervenção estatal sobre a economia – o regime dos monopólios – foi relativizado.

Segundo Luís Roberto Barroso,[236] é possível apontar três principais transformações estruturais complementares que foram objeto das reformas econômicas brasileiras. Em um primeiro grupo, as emendas constitucionais nº 6, nº 7 e nº 36 trouxeram o fim de certas restrições ao capital estrangeiro. Em segundo lugar, houve mudança implementada por atos normativos e

---

[235] Grande parte das alterações se deve ao destacado caráter histórico da ordem econômica, necessariamente ligado ao ideal político-econômico dominante. Todavia, inúmeros fatores poderiam ser enumerados para as frequentes alterações da Constituição, que ocorrem em todos os setores, não somente em sua ordem econômica. Entre eles, o número excessivo de regras casuísticas previstas no texto. Ainda, o péssimo hábito dos governantes de não pautarem sua atuação de acordo com a Carta, mas de alterarem a mesma para que esta fique em acordo com seus desejos de governar.

[236] BARROSO, Luís Roberto. Agências reguladoras. Constituição, transformações do Estado e legitimidade democrática. In: _____. *Temas de direito constitucional*. Rio de Janeiro: Renovar, 2003b. t. II, p. 276-277.

administrativos infraconstitucionais, que consistiram nos programas de privatização.[237]

Por fim, a terceira grande transformação foi implementada pelas emendas constitucionais nº 5, nº 8 e nº 9, que justamente flexibilizaram monopólios.

A Emenda Constitucional nº 5 deu nova redação ao art. 25, §2º, da Constituição, permitindo que os estados realizem concessão para fins de exploração local de gás canalizado. A Emenda Constitucional nº 8, por sua vez, alterou os incisos XI e XII do art. 21, permitindo que a União realize concessão, permissão ou autorização sobre as atividades de telecomunicação e radiodifusão. Já a Emenda Constitucional nº 9 inseriu os §§1º e 2º do art. 177. Segundo o §1º: "A União poderá contratar com empresas estatais ou privadas a realização das atividades previstas nos incisos I a IV deste artigo, observadas as condições estabelecidas em lei".

Trata-se da denominada "flexibilização do monopólio estatal das atividades do petróleo".

O caso do monopólio do petróleo no STF

O art. 177, *caput*, diz expressamente serem todas estas atividades elencadas objeto de monopólio estatal da União. Como compatibilizar o monopólio de tais atividades afirmado pelo *caput* em face do novo §1º, que afirma a possibilidade de a União contratar empresas privadas que as desempenhem? Qual seria a natureza dessa contratação? Se mantido o monopólio, apenas flexibilizado, qual o limite de tais contratações, sob pena de violação da mantida imposição constitucional monopolística? Podem, sem violação do monopólio, as empresas privadas con-

ORDEM CONSTITUCIONAL ECONÔMICA

---

[237] Ver Lei nº 8.031/1990 e Lei nº 9.491/1997.

tratadas receber a propriedade do produto da exploração? Todas estas questões ensejaram a Ação Direta de Inconstitucionalidade nº 3.273/PR, com relatoria do ministro Carlos Ayres Britto.

Trata-se de Adin proposta pelo governador do Estado do Paraná, visando impugnar inúmeros dispositivos da Lei nº 9.478/1997 (Lei do Petróleo). A Lei do Petróleo data de 1997, posterior à Emenda Constitucional nº 9/1995, já se referindo, portanto, ao art. 177 modificado pelo acréscimo de seus §§1º e 2º.

O dispositivo de maior relevância ao tema, objeto de impugnação pela Adin nº 3.273, consiste no art. 26, *caput* da Lei nº 9.478/1997. Prevê o dispositivo mencionado, em clara alusão à possibilidade de contratação de empresa privada trazida pelo novo §1º do art. 177:

> A concessão implica, para o concessionário, a obrigação de explorar, por sua conta e risco e, em caso de êxito, produzir petróleo ou gás natural em determinado bloco *conferindo-lhe a propriedade desses bens*, após extraídos, com os encargos relativos ao pagamento dos tributos incidentes e das participações legais ou contratuais correspondentes [grifos nossos].

Conforme destacado, o dispositivo impugnado, ao fazer menção evidente à possibilidade de contratação pela União de empresas privadas para desempenho das atividades de petróleo, afirmou a possibilidade de transferência às mesmas da propriedade dos bens extraídos. A questão que se levantou – esta a principal indagação da Adin – consiste em saber se, uma vez mantido o regime de monopólio pelo art. 177, *caput* (ou haveria ele sido extinto?), não seria o mesmo violado pela transferência de propriedade dos bens explorados às empresas contratadas.

O ministro relator Ayres Britto concedeu monocraticamente liminar acolhendo o pleito da Adin com base em fundamentos que manteria em seu voto final pela procedência da ação. Afirmou o ministro:

[...] na Constituição Federal de 1988, petróleo e gás natural são versados como espécies de recursos minerais [...] É esta indiferenciação *de jure* – falemos assim, por enquanto – que explica o fato de a Constituição dizer que são bens da União "os recursos minerais, inclusive os do subsolo" (inciso IX do art. 20), sem a menor necessidade de expressamente incluir entre esses bens o petróleo e o gás natural [...].

[...] Fácil seria deduzir, então, que para conhecer o regime jurídico do petróleo e do gás natural bastaria ao intérprete da Constituição conhecer o regime normativo dos recursos naturais. Do que decorreria a quase instantânea compreensão de que ambas as figuras (petróleo e gás natural) seriam tidas pela Magna Carta como: I. bens da União (inciso IX do art. 20); II. matéria que se submete à competência legislativa que a União detém com privatividade (inciso XII do art. 22); III. "propriedade distinta do solo, para efeito de exploração ou aproveitamento" (*caput* do art. 176); IV. recursos passíveis de ter a sua pesquisa e lavra, assim como exploração e aproveitamento, realizáveis por via da autorização ou concessão, *"garantida ao concessionário a propriedade do produto da lavra" (conclusão apenas provisória, como adiante se verá)* [...]

[...] Fácil seria deduzir – dissemos –, mas tão somente se a Constituição não contivesse normas complementares especificamente voltadas para as duas modalidades de recursos minerais: o petróleo e o gás natural. E o fato é que a nossa Lei Maior tanto cuida do gênero "recursos minerais" quanto das duas espécies de que vimos falando [...] Também assim todo o *art. 176 e seus três primeiros parágrafos, quando cotejados com o art. 177, incisos I a IV e §§1º e 2º* [...] Ora bem, se é da técnica da Magna Lei de 1988 avançar comandos gerais sobre todo e qualquer tipo de recurso mineral, para em seguida lançar disposições especiais sobre dois desses recursos (petróleo e gás natural), o cânone hermenêutico a observar só pode ser este: *aplica-se toda a parte*

*geral da Constituição, mas somente naquilo que não conflitar com
sua parte especial [...]*

*[...] mas agora sem a possibilidade de transferência do produto da
lavra para o concessionário, por ser essa transferência incompatível
com o regime de monopólio a que se referem o inciso I do art. 177
e o seu §2º, III [...]*[238] *[grifos nossos].*

Dessa forma, o ministro Ayres Britto, no que foi seguido pelo ministro Marco Aurélio, entendeu haver duas ordens de norma a regular os recursos minerais: o art. 176, que traz, entre inúmeras disposições, a possibilidade de transferência da propriedade para o concessionário da exploração da lavra, que seria norma geral aplicável a todos os recursos minerais; e o art. 177, que, entre inúmeras disposições, institui monopólio estatal sobre determinadas atividades, consistindo dessa forma em norma especial aplicável tão somente aos recursos minerais petróleo e gás natural.

Ao petróleo e ao gás natural, portanto, seriam aplicáveis as normas do art. 176, desde que não contrárias às normas especiais do art. 177. Portanto, mantido o regime de monopólio pelo art. 177, *caput*, e §2º, III (apenas "flexibilizado"), concluem os ministros pela incompatibilidade da transferência de propriedade às empresas contratadas. Enfim, inaplicável o art. 176 da CRFB nesta parte, bem como inconstitucional o art. 26, *caput*, da Lei do Petróleo.

Os ministros, nada obstante, restaram vencidos. Prevaleceu, por maioria, entendimento capitaneado pelo voto timoneiro do ministro Eros Roberto Grau:

> *Ressaltou-se a diferença entre o monopólio e a propriedade,
> concluindo-se estar aquele ligado a uma atividade empresarial*

[238] Voto do ministro relator Ayres Britto. Disponível em: <www.stf.gov.br>. Acesso em: 23 ago. 2010.

que não se presta a explicitar características desta. Assim, o art. 177 da CF enumera as atividades que constituem monopólio da União, e seu art. 20, os bens que são de sua exclusiva propriedade, razão pela qual seria *possível a União atribuir a terceiros o resultado da propriedade das lavras das jazidas de petróleo, gás natural e de outros hidrocarbonetos fluidos, sem ofensa à reserva do monopólio contemplado no citado art. 177.* Afirmou-se que a propriedade da lavra das jazidas de produtos minerais conferida ao concessionário pelo art. 176 da CF é inerente ao modo de produção social capitalista, sendo que essa concessão seria materialmente impossível sem que o proprietário se apropriasse do produto da exploração das jazidas, o que também se daria quanto ao produto resultante das contratações (e não concessões) com empresas estatais ou privadas nos termos do §1º do art. 177 da CF, *consubstanciando escolha política a opção por uma das inúmeras modalidades de contraprestação atribuíveis ao contratado*[239] [grifos nossos].

Entendeu o ministro Eros Grau, no que foi seguido pela maioria, pela improcedência da Adin e manutenção da constitucionalidade do art. 26, *caput*, da Lei do Petróleo. Não afirmou o ministro, como se percebe em seu voto, o fim do regime de monopólio estatal pela União sobre as atividades de petróleo. Tratou, todavia, da correta delimitação da noção de "monopólio", visando estabelecer que situações a violariam, sendo, portanto, vedadas pela Carta Magna.

Dessa forma, diferenciou o STF monopólio e propriedade exclusiva do Estado. Aquele se refere a um regime de prestação de atividades, não ao caráter de exclusividade da propriedade sobre a qual as mesmas incidem.

---

[239] Voto do ministro Eros Roberto Grau. Adin nº 3.273. Disponível em: <www.stf.gov.br>. Acesso em: 23 ago. 2010.

Por fim, há de se destacar, no voto vencedor do ministro, a afirmação de consubstanciar escolha política a opção por uma das inúmeras modalidades de contraprestação atribuíveis ao contratado.

Questões de automonitoramento

1. Após ler este capítulo, você é capaz de resumir o caso gerador do capítulo 7, identificando as partes envolvidas, os problemas atinentes e as soluções cabíveis?
2. Relacione a noção de monopólio, prestação de atividade e exclusividade de propriedade.
3. Quais as razões da excepcionalidade do monopólio estatal? Relacione a atuação estatal em face de monopólios titularizados por agentes da iniciativa privada e a atuação estatal nos monopólios legais.
4. Classifique, justificando, os monopólios estatais entre as modalidades de atuação do Estado sobre o domínio econômico.
5. São penhoráveis os bens de sociedade de economia mista prestadora de atividade sob regime de monopólio estatal?
6. Discorra mentalmente a respeito das transformações sofridas pela ordem constitucional econômica da Carta de 1988.
7. Pense e descreva, mentalmente, alternativas para a solução do caso gerador do capítulo 7.

7

Sugestões de casos geradores

A disciplina constitucional das atividades econômicas reguladas: uma visão a partir da análise econômica do direito (cap. 1)

Caso 1 [240]

O município de Campinas cria a Lei nº 6.545/1991, cujo art. 1º estabelece limitação geográfica à instalação de drogarias. Exige o mencionado dispositivo legal que, para ser permitida a criação de nova farmácia, a mesma deve ser localizada em ponto territorial que respeite a distância mínima de 500 m de outros estabelecimentos congêneres.

Determinado agente, notificado pelo prefeito do município a respeito do descumprimento da norma referida, impetra mandado de segurança com o intuito de manter suas atividades.

---

[240] Baseado em caso verídico. Ver: BRASIL. Supremo Tribunal Federal. RE nº 199.517-3/SP.

Manifeste-se a respeito da constitucionalidade do dispositivo em questão.

Caso 2 [241]

O Departamento Estadual de Trânsito e Segurança Viária de Santa Catarina, por seu diretor estadual, considerando a necessidade de estabelecer uma política de preços para os centros de formação de condutores (autoescolas), fixou a Portaria nº 43/Detran/Asjur/2004.

Ciente da existência de concorrência entre os centros de formação mencionados, os quais utilizam preços baixos como atrativo, estabeleceu a portaria em questão preços mínimos a serem cobrados pelos serviços. O alegado objetivo de manutenção da qualidade, através da garantia de um preço mínimo, justifica a constitucionalidade da norma, tendo em vista representar a mesma uma limitação à liberdade de o agente estipular seu próprio preço?

Caso 3 [242]

Locador ajuíza em face do locatário e do fiador do contrato de locação, ação de despejo cumulada com cobrança de aluguéis, frente ao inadimplemento do locatário. Após o trânsito em julgado da sentença condenatória, o juiz autoriza a penhora do único bem imóvel do fiador a fim de satisfazer o crédito do locador, invocando, para tanto, a exceção legal à impenhorabilidade do bem de família do fiador, prevista no art. 3º, VII, da Lei nº 8.009/1990, após alteração dada pela Lei nº 8.245/1991. O fia-

---

[241] Baseado na Portaria nº 43/Detran/Asjur/2004 do Detran do estado de Santa Catarina.
[242] Ver: BRASIL. Supremo Tribunal Federal. RE nº 407.688/SP.

dor questiona a constitucionalidade do citado dispositivo legal, alegando que o mesmo viola o direito fundamental à moradia previsto no art. 6º da CRFB/1988. Assiste razão ao fiador?

Princípios da ordem econômica: ponderação e meios de harmonização (cap. 2)

Caso 1

Discussão sobre a validade da Lei Estadual nº 3.542/2001, do Estado do Rio de Janeiro.

Caso 2

Discussão sobre a validade da Medida Provisória nº 2.138-4/2001.

Caso 3

Discussão sobre a validade dos arts. 68 a 74 da Lei nº 9.279/1996.

Regulação, concorrência e defesa do consumidor: interfaces e complementaridade (cap. 3)

As empresas Fundação Antônio e Helena Zerrenner – Instituição Nacional de Beneficência, conjuntamente com a Empresa de Consultoria, Administração e Participações S/A (Ecap) e Braco S/A, apresentaram documentos e informações pertinentes para submeter à apreciação das autoridades de defesa da concorrência a operação pela qual concentraram empresas controladoras da Companhia Antarctica Paulista – Indústria Brasileira de Bebidas e Conexos (designada simplesmente Antarctica) e da Companhia Cervejaria Brahma (designada simplesmente Brahma), criando a Companhia de Bebidas das Américas – AmBev.

Premissas do caso

1. É público e notório que a Antarctica e a Brahma são duas empresas líderes nos setores de refrigerantes e cervejas, comercializando seus produtos sob inúmeras marcas. Abstraindo-se do argumento da AmBev de que a reunião das empresas é a única via encontrada para que ocorra um enfrentamento na formação de blocos internacionais, garantindo a sobrevivência das empresas genuinamente brasileiras, tem-se que a AmBev surge ocupando o posto de quinta maior empresa do mundo no setor de bebidas, com produtos e marcas de qualidade e prestígio distribuídos pelos segmentos de cerveja, refrigerantes, águas minerais, isotônicos e gás.

2. A AmBev afirma que "a grande concorrência a ser preservada está na distribuição e não na fabricação", eis que a referida distribuição atinge cerca de um milhão de varejistas e que "o sucesso de quaisquer empresas que se dediquem à exploração de bebidas repousa, em grande medida, no estabelecimento de uma sólida rede de distribuição".

3. A AmBev registra, em seu pedido, que "a diferenciação dos produtos exerce papel especialmente relevante, na forma da concorrência, determinada pela identificação do consumidor".

Analise o ato de concentração em tela, manifestando-se com fundamentos a respeito da possibilidade de sua aprovação, com ou sem condicionantes, tendo em vista a relação entre a proteção da concorrência e a defesa do consumidor.

Agências reguladoras (cap. 4)

Caso 1 [243]

A Lei Estadual nº 10.931/1997, do Rio Grande do Sul, cria a "Agência Estadual de Regulação dos Serviços Públicos Delegados do Rio Grande do Sul (Agergs)".

Preceitua o referido diploma legal, em seu art. 7º, que "os membros do Conselho Superior da Agergs terão mandato de 4 anos".

O art. 8º da lei, por sua vez, estabelece que "os membros do Conselho Superior da Agergs somente poderão ser destituídos, no curso de seus mandatos, por decisão da Assembleia Legislativa do estado".

Propõe o governador do Estado do Rio Grande do Sul Adin contra os dispositivos mencionados, intentando obter a possibilidade de livre exoneração dos dirigentes do Conselho. Alega, neste sentido, violação da submissão da decisão à Assembleia Legislativa ao princípio da separação de poderes. Esta mesma lógica deveria ser aplicada ao ente estadual pelo princípio da simetria.

Manifeste-se a respeito da constitucionalidade da exigência de decisão da Assembleia Legislativa do estado para fins de exoneração dos dirigentes. Caso entendida desnecessária a decisão da assembleia, poderá o governador livremente exonerar os dirigentes do conselho?

Caso 2 [244]

Propuseram o Partido Comunista do Brasil (PC do B), o Partido dos Trabalhadores (PT), o Partido Democrático Traba-

---

[243] Caso baseado na Adin nº 1.949/RS.
[244] Caso baseado na Adin nº 1.668/DF.

lhista (PDT) e o Partido Socialista Brasileiro (PSB) ação direta de inconstitucionalidade contra inúmeros dispositivos da Lei nº 9.472/1997, instituidora da Agência Nacional de Telecomunicações (Anatel).

Entre os preceitos questionados, destaca-se o art. 19, incisos IV e X, que dispõem, respectivamente, ser competência da Anatel "expedir normas quanto à outorga, prestação e fruição dos serviços de telecomunicações no regime público" e "expedir normas sobre prestação de serviços de telecomunicações no regime privado".

Tendo em vista os princípios da legalidade e da separação de poderes, manifeste-se sobre a constitucionalidade dos dispositivos impugnados. Caberia, no caso, interpretação conforme a Constituição no intuito de salvar os mesmos?

Serviços públicos (cap. 5)[245]

A Associação Brasileira das Empresas de Distribuição (Abraed) propõe arguição de descumprimento de preceito fundamental (ADPF), pretendendo a declaração de não recepção, pela CRFB/1988, da Lei nº 6.538/1978.

Institui o diploma questionado, de forma expressa, em seu art. 9º, regime de monopólio público sobre as prestações de atividades postais. Segundo tal dispositivo, o serviço postal deve ser desempenhado de forma exclusiva pela Empresa Brasileira de Correios e Telégrafos (EBCT), afastado por completo do alcance da iniciativa privada. Mais que isto, em seus arts. 42, 43, 44, 45, a lei tipifica criminalmente as condutas violadoras do monopólio em estabelecido.

Alega a arguente a existência de nítida violação do regime monopolístico preceituado pela lei às normas fundamentais da

---

[245] Caso verídico reproduzido. ADPF nº 46, julgada pelo STF em 5 ago. 2009.

Constituição, em especial aos princípios da livre iniciativa, da liberdade no exercício de qualquer trabalho, da livre concorrência e do livre exercício de qualquer atividade econômica. Tais princípios possuem fulcro constitucional não só no art. 170, *caput* e inciso IV, enquanto princípios setoriais da ordem econômica, mas também no próprio art. 1º, IV, da CRFB, que consagra a livre iniciativa como princípio fundamental do Estado.

A questão torna-se mais intrincada ainda, tendo-se em vista a abertura do dispositivo constitucional que faz menção à manutenção do serviço postal. Prevê o art. 21, X, da Constituição tão somente ser competência da União manter o serviço postal e o correio aéreo nacional. Não há qualquer expressão explícita permitindo ou negando a prestação de tais atividades pela iniciativa privada sob regime econômico. Nem mesmo cogita o artigo a respeito da possibilidade ou não de delegação da atividade, ainda que na qualidade de serviço público, através dos institutos da concessão ou permissão.

Levanta ainda a Abraed o princípio da subsidiariedade da participação do Estado na atividade econômica, o qual determina o caráter excepcional de atuação direta do Estado mediante a prestação de atividades econômicas (art. 173, *caput*, da CRFB/1988).

Manifeste-se, de forma devidamente fundamentada, a respeito da recepção material da Lei nº 6.538/1978 pela Constituição de 1988.

Monopólios estatais (cap. 6)[246]

Dispõe o art. 177, *caput*, da CRFB/1988, em seu texto original (neste ponto até hoje inalterado), haver monopólio estatal

---

[246] Caso verídico. BRASIL. Supremo Tribunal Federal. Adin nº 3.273. Disponível em: <www.stf.jus.br>. Acesso em: 23 ago. 2010.

da União sobre as diversas atividades econômicas enumeradas em seus incisos.

A Emenda Constitucional nº 9, de 1995, por sua vez, alterou o texto constitucional para inserir o §1º do mencionado art. 177 da Carta. Tal dispositivo passa a afirmar a possibilidade de a União contratar com empresas estatais ou privadas a exploração das atividades enumeradas nos incisos I a IV do referido artigo.

Tendo em vista o advento do aludido §1º e da possibilidade de contratação de empresas privadas, ato normativo infraconstitucional (Lei nº 9.478/1997 – Lei do Petróleo) estabelece, em seu art. 26, *caput*, a transferência aos contratados da propriedade dos bens resultantes da exploração empreendida.

Alegando nítida violação ao regime de monopólio estatal, expressamente instituído no *caput* do art. 177 da CRFB, governador de estado propõe ação direta de inconstitucionalidade contra o art. 26 da Lei do Petróleo.

Manifeste-se a respeito da permanência ou não do regime de monopólio após a Emenda Constitucional nº 9/1995. Caso mantido o monopólio estatal, seria o mesmo violado pela transferência, a particulares, dos bens obtidos mediante a exploração contratada aludida?

Conclusão

À medida que a consciência jurídica da sociedade evolui e os cidadãos ampliam seu acesso à Justiça, seja através do Poder Judiciário ou de meios alternativos de solução de conflitos, cresce a importância do estudo do direito.

O direito está permeado como um dos elementos de transformação modernizadora das sociedades tradicionais, principalmente nos países em desenvolvimento. Evidencia-se, a cada dia, que o direito público não pode ser insensível ao que ocorre no sistema econômico, e que o direito tem papel relevante na organização da sociedade.

O objetivo deste livro foi o de desenvolver discussões e estudos sobre a ordem constitucional econômica contemporânea, bem como sobre as diversas implicações da chamada reforma do Estado e os novos desafios a serem enfrentados pela relação da economia com o direito e pelo dinamismo das sociedades democráticas contemporâneas. Pretende-se imprimir mais segurança aos passos necessários para o constante aperfeiçoamento do sistema jurídico nacional.

O estabelecimento de um sistema legal que funcione adequadamente é condição essencial para um bom nível de crescimento do país, seja em termos econômicos, seja em relação às suas instituições.

Nossa intenção é contribuir para o fomento de estudos específicos e aprofundados sobre o tema, tarefa que deve ser cada vez mais estimulada no país, baseando-se na crença de que uma Justiça mais eficiente também acarretará um direito mais efetivo.

Referências

ALEXY, Robert. *Teoria de los derechos fundamentales*. Trad. Ernesto Garzón. Madri: Centro de Estudios Constitucionales, 1993.

ARAGÃO, Alexandre Santos de. *Agências reguladoras e a evolução do direito administrativo econômico*. 2. ed. Rio de Janeiro: Forense, 2004.

_____. *A dimensão e o papel dos serviços públicos no Estado contemporâneo*. Tese (Doutorado) – Faculdade de Direito da Universidade de São Paulo (USP), 2005. Mimeo.

_____. A legitimação democrática das agências reguladoras. In: BINENBOJM, Gustavo (Coord.). *Agências reguladoras e democracia*. Rio de Janeiro: Lumen Juris, 2006.

_____. *Direito dos serviços públicos*. Rio de Janeiro: Forense, 2007.

ARIÑO ORTIZ, Gaspar. El retorno a lo privado: ante una nueva encrucijada histórica. Tiempo. In: _____ (Org.). *Privatización y liberalización de servicios*. Madri: Universidad Autónoma de Madrid, 1999.

AUGUSTO, Flavia Sulzer. A reforma da Lei de Defesa da Concorrência. *Cerqueira Leite Advogados Associados*, São Paulo, 7 jan. 2011. Disponível em: <www.cerqueiraleite.com.br/news/5346/26/A-Reforma-da-Lei-de-Defesa-da-Concorrencia.html>. Acesso em: 15 fev. 2012.

ÁVILA, Humberto. *Teoria dos princípios*. 4. ed. São Paulo: Malheiros, 2004.

BARCELLOS, Ana Paula de. Alguns parâmetros normativos para a ponderação constitucional. In: BARROSO, Luís Roberto (Org.). *A nova interpretação constitucional*. Rio de Janeiro: Renovar, 2003.

_____. *Ponderação, racionalidade e atividade jurisdicional*. Rio de Janeiro: Renovar, 2005.

BARROSO, Luís Roberto. *Interpretação e aplicação da Constituição*. 3. ed. São Paulo: Saraiva, 1999.

_____. Natureza jurídica das loterias e bingos. Competências dos Estados-membros na matéria. In: BARROSO, Luís Roberto. *Temas de direito constitucional*. Rio de Janeiro: Renovar, 2001. t. I.

_____. A ordem econômica constitucional e os limites à atuação estatal no controle de preços. In: _____ (Org.). *Temas de direito constitucional*. Rio de Janeiro: Renovar, 2003a. t. II.

_____. Agências reguladoras. Constituição, transformações do Estado e legitimidade democrática. In: _____. *Temas de direito constitucional*. Rio de Janeiro: Renovar, 2003b. t. II.

_____. Regime constitucional do serviço postal: legitimidade da atuação da iniciativa privada. In: _____. *Temas de direito constitucional*. Rio de Janeiro: Renovar, 2003c. t. II.

_____. Agências reguladoras. Constituição, transformações do Estado e legitimidade democrática. In: BINENBOJM, Gustavo (Coord.). *Agências reguladoras e democracia*. Rio de Janeiro: Lumen Juris, 2006.

BENJÓ, Isaac. *Fundamentos de economia da regulação*. Rio de Janeiro: Thex, 1999.

BINENBOJM, Gustavo. Agências reguladoras independentes e democracia no Brasil. In: _____ (Coord.). *Agências reguladoras e democracia*. Rio de Janeiro: Forense, 2006.

_____. *A nova jurisdição constitucional brasileira*. 3. ed. rev. e atual. Rio de Janeiro: Renovar, 2010.

BOBBIO, Norberto. *Teoria do ordenamento jurídico*. Trad. Maria Celeste Cordeiro Leite dos Santos. 10. ed. Brasília: UnB, 1999.

BONAVIDES, Paulo. *Ciência política*. 7. ed. São Paulo: Malheiros, 1999.

_____. *Ciência política*. 10. ed. São Paulo: Malheiros, 2001.

BORK, Robert H. *The antitrust paradox*: a police at war with itself. Nova York: Free Press, 1978.

CALIL, Laís. O poder normativo das agências reguladoras em face dos princípios da legalidade e da separação de poderes. In: BINENBOJM, Gustavo (Coord.). *Agências reguladoras e democracia*. Rio de Janeiro: Lumen Juris, 2006.

CANOTILHO, J. J. Gomes. *Direito constitucional e teoria da Constituição*. 3. ed. Coimbra: Almedina, 1998.

CARRASQUEIRA, Simone de Almeida. Revisitando o regime jurídico das empresas estatais prestadoras de serviço público. In: SOUTO, Marcos Juruena Villela (Org.). *Direito administrativo empresarial*. Rio de Janeiro: Lumen Juris, 2006.

CHANG, Ha Joon. *The political economy of industrial policy*. Macmillan: Londres, 1994.

CYRINO, André Rodrigues. *Direito constitucional regulatório*: elementos para uma interpretação institucionalmente adequada da Constituição econômica brasileira. Rio de Janeiro: Renovar, 2010.

DALLARI, Dalmo de Abreu. *O futuro do Estado*. São Paulo: Moderna, 1980.

DRAETTA, Ugo. The Pennzoil case and the binding effects of the letters intent in the international trade practice. *Revue de Droit des Affaires Internationales*, n. 2, p. 155-72, 1988.

ORDEM CONSTITUCIONAL ECONÔMICA

201

DUGUIT, Léon. *Traité de droit constitutionnel*. Paris: Ancienne Librairie Fontemoing & Cie., 1923. t. II.

_____. *Las transformationes generales del derecho*. Trad. Adolfo G. Posada e Ramón Jaén. Buenos Aires: Heliasta, 2001.

DWORKIN, Ronald. *Los derechos en serio*. Trad. Marta Guastavino. Barcelona: Ariel, 1997.

EIZIRIK, Nelson. Monopólio estatal da atividade econômica. *Revista de Direito Administrativo*, Rio de Janeiro, n. 194, p. 71-72, out./dez. 1993.

FERRAZ, Anna Cândida da Cunha. *Conflito entre poderes*: o poder congressual de sustar atos normativos do Poder Executivo. São Paulo: Revista dos Tribunais, 1994.

FERRAZ, Sergio. Intervenção do Estado no domínio econômico geral: anotações. In: FILHO, Romeu Felipe Bacellar (Coord.). *Direito administrativo contemporâneo*: estudos em memória ao professor Manoel de Oliveira Franco Sobrinho. Belo Horizonte: Fórum, 2004.

FERRAZ JR., Tércio Sampaio. Congelamento de preços: tabelamentos oficiais (Parecer). *Revista de Direito Público*, n. 91, 1989.

_____. Lei de Defesa da Concorrência: origem histórica e base constitucional. *Revista dos Mestrandos em Direito Econômico da UFBA*, Salvador, n. 2, p. 65, jul. 1991/ jun. 1992.

FRANCESCHINI, José Inácio Gonzaga; FRANCESCHINI, José Luiz Vicente de Azevedo. Sumário histórico dos antecedentes legislativos da chamada "Lei Antitruste" brasileira. In: _____; _____. *Poder econômico*: exercício e abuso. Direito antitruste brasileiro. São Paulo: Revista dos Tribunais, 1985.

GADAMER, Hans Georg. *Verdade e método*. Trad. Flávio Meurer. Petrópolis: Vozes, 2004. v. 1.

GALDINO, Flávio. *Direitos não nascem em árvores*: introdução à teoria dos custos dos direitos. Rio de Janeiro: Lumen Juris, 2005.

GRAU, Eros Roberto. Execução contra estatais prestadoras de serviço público. *Revista Trimestral de Direito Público*, n. 7, p. 97-103, 1994.

_____. *A ordem econômica na Constituição de 1988*. 6. ed. São Paulo: Malheiros, 2001.

_____; FORGIONI, Paula A. Loterias: serviço público. Livre iniciativa/livre concorrência e imposição de restrições à atividade dos lotéricos. In: _____; _____. *O Estado, a empresa e o contrato*. São Paulo: Malheiros, 2005.

GROTTI, Dinorá Adelaide Musseti. Teoria dos serviços públicos e sua transformação. In: SUNDFELD, Carlos Ari (Coord.). *Direito administrativo econômico*. São Paulo: Malheiros, 2000.

HESSE, Konrad. *A força normativa da Constituição*. Trad. Gilmar Ferreira Mendes. Porto Alegre: Safe, 1991.

JÈZE, Gaston. *Les principes généreauz du droit administratif*. Paris: M. Giard & E. Brière, 1914.

LARENZ, Karl. *Metodologia da ciência do direito*. 3. ed. Trad. José Lamego. Lisboa: Caloustre Gulbenkian, 1997.

LASSALLE, Ferdinand. *A essência da Constituição*. 5. ed. Rio de Janeiro: Lumen Juris, 2000.

LEIBHOLZ, Gerhardt. *Conceptos fundamentales de la política y de la teoría de la Constitución*. Madri: Instituto de Estudios Políticos, 1964.

MELLO, Celso Antônio Bandeira de. *Curso de direito administrativo*. 14. ed. São Paulo: Malheiros, 2001.

_____. *Curso de direito administrativo*. 17. ed. São Paulo: Malheiros, 2004.

_____. *O conteúdo jurídico do princípio da igualdade*. 4. ed. São Paulo: Malheiros, 2005.

MENDONÇA, José Vicente Santos de; SOUZA NETO, Cláudio Pereira de. Fundamentalização e fundamentalismo na interpretação do princípio constitucional da livre iniciativa. In: SARMENTO, Daniel; SOUZA NETO, Cláudio Pereira de (Org.). *A constitucionalização do direito*. Rio de Janeiro: Lumen Juris, 2006.

MONTESQUIEU, Charles de Secondat. *De l'espirit des lois*. Paris: Garnier, 1956.

MOREIRA NETO, Diogo de Figueiredo. *Curso de direito administrativo*. 14. ed. Rio de Janeiro: Forense, 2005a.

_____. *Direito regulatório*. Rio de Janeiro: Renovar, 2005b.

_____. O futuro das cláusulas exorbitantes. *Revista da Associação da Nova Procuradoria do Estado do Rio de Janeiro*: parcerias público-privadas, v. XVII, p. 3-22, 2006.

MÜLLER, Friedrich. *Discours de la méthode juridique*. Trad. Olivier Jouanjan. Paris: PUF, 1996.

OLIVEIRA, Fábio Corrêa Souza de. *Por uma teoria dos princípios*. Rio de Janeiro: Lumen Juris, 2003.

OLIVEIRA, Gesner; RODAS, João Grandino. *Direito e economia da concorrência*. Rio de Janeiro: Renovar, 2004.

PEIXOTO, Floriano. Limites à abrangência e à intensidade da regulação estatal. *Revista de Direito Público da Economia*, v, 1, p. 69-93, jan./mar. 2003.

PEREIRA, Jane Reis G.; SILVA, Fernanda D. L. L. da. A estrutura normativa das normas constitucionais: notas sobre a distinção entre princípios e regras. In: PEIXINHO, Manoel Messias (Org.). *Os princípios da Constituição de 1988*. Rio de Janeiro: Lumen Juris, 2001.

PERITZ, Rudolph. A conter-history of antitrust law. *Duke Law Journal*, p. 265-320, 1990.

POSNER, Richard A. *Economic analysis of law*. Boston: Little Brown, 1973.

RAGAZZO, Carlos Emmanuel Joppert. Notas introdutórias sobre o princípio da livre concorrência. *Revista do Cade*, Brasília, n. 6, abr./jun. 2005.

SALOMÃO FILHO, Calixto. *Direito concorrencial*: as estruturas. 2. ed. São Paulo: Malheiros, 2002.

SAMPAIO, Patrícia Regina Pinheiro. *Direito da concorrência e obrigação de contratar*. Rio de Janeiro: Elsevier, 2009.

SARMENTO, Daniel. *A ponderação de interesses na Constituição Federal*. Rio de Janeiro: Lumen Juris, 2002.

SCHUARTZ, Luis Fernando. Ilícito antitruste e acordos entre concorrentes. In: POSSAS, Mario (Coord.). *Ensaios sobre economia e direito da concorrência*. São Paulo: Singular, 2002.

SILVA, José Afonso da. *Curso de direito constitucional positivo*. São Paulo: Malheiros, 2007.

SOUTO, Marcos Juruena Villela. *Direito administrativo regulatório*. 2. ed. Rio de Janeiro: Lumen Juris, 2005.

SOUTY, François. *Le droit de la concurrence de l'Union Européenne*. Paris: Montchrestien, 1996.

TÁCITO, Caio. Importação de gás. Acordo binacional. Gasoduto. Monopólio da União. Participação da iniciativa privada (Parecer). *Revista Forense*, Rio de Janeiro, v. 324, p. 101 e segs., out./ dez. 1993.

TORRES, Ricardo Lobo. *Tratado de direito constitucional tributário*. Rio de Janeiro: Renovar, 2000. v. 5 (Orçamento).

TORRES, Sílvia Faber. *O princípio da subsidiariedade no direito público contemporâneo*. Rio de Janeiro: Renovar, 2001.

TRIBE, Laurence. *American constitutional law*. Nova York: The Foundation Press, 1998.

VERDU, Pablo Lucas. *Curso de derecho político*. Madri: Tecnos, 1980. v. II.

VIRGÍLIO, Luís. O proporcional e o razoável. *Revista dos Tribunais*, v. 798, p. 23-50, abr. 2002.

VISCUSI, W. Kip. *Economics of regulation and antitrust*. 2. ed. Cambridge: MIT Press, 1995.

ZIEBARTH, José Antonio Batista de Moura. A nova legislação brasileira de defesa da concorrência: perspectivas e desafios. Comentários à Lei 12.529/2011. *Revista do Ibrac*: direito da concorrência, consumo e comércio internacional, São Paulo, ano 18, v. 20, p. 524, jul./dez. 2011.

Organizadores

Na contínua busca pelo aperfeiçoamento de nossos programas, o Programa de Educação Continuada da FGV Direito Rio adotou o modelo de sucesso atualmente utilizado nos demais cursos de pós-graduação da Fundação Getulio Vargas, no qual o material didático é entregue ao aluno em formato de pequenos manuais. O referido modelo oferece ao aluno um material didático padronizado, de fácil manuseio e graficamente apropriado, contendo a compilação dos temas que serão abordados em sala de aula durante a realização da disciplina.

A organização dos materiais didáticos da FGV Direito Rio tem por finalidade oferecer o conteúdo de preparação prévia de nossos alunos para um melhor aproveitamento das aulas, tornando-as mais práticas e participativas.

Joaquim Falcão – diretor da FGV Direito Rio

Doutor em educação pela Université de Génève. *Master of laws* (LL.M) pela Harvard University. Bacharel em direito pela Pontifícia Universidade Católica do Rio de Janeiro (PUC-Rio).

Diretor da Escola de Direito do Rio de Janeiro da Fundação Getulio Vargas (FGV Direito Rio).

Sérgio Guerra – vice-diretor de pós-graduação da FGV Direito Rio

Doutor e mestre em direito. Professor titular da FGV Direito Rio (graduação e mestrado), na qual ocupa o cargo de vice-diretor de pós-graduação (*lato e stricto sensu*). Diretor-executivo da *Revista de Direito Administrativo (RDA)* e coordenador do mestrado profissional em Poder Judiciário. Possui pós-graduação (especialização) em direito ambiental, direito processual civil e direito empresarial e cursos de educação continuada na Northwestern School of Law e na University of California – Irvine.

Rafael Almeida – coordenador geral de pós-graduação

Doutorando em políticas públicas, estratégias e desenvolvimento pelo Instituto de Economia da UFRJ. *Master of laws* (LL.M) em *international business law* pela London School of Economics and Political Science (LSE). Mestre em regulação e concorrência pela Universidade Candido Mendes (Ucam). Formado pela Escola de Magistratura do Estado do Rio de Janeiro (Emerj). Bacharel em direito pela UFRJ e em economia pela Ucam.

Colaboradores

Os cursos de pós-graduação da FGV Direito Rio foram realizados graças a um conjunto de pessoas que se empenhou para que eles fossem um sucesso. Nesse conjunto bastante heterogêneo, não poderíamos deixar de mencionar a contribuição especial de nossos professores e pesquisadores em compartilhar seu conhecimento sobre questões relevantes ao direito. A FGV Direito Rio conta com um corpo de professores altamente qualificado que acompanha os trabalhos produzidos pelos pesquisadores envolvidos em meios acadêmicos diversos, parceria que resulta em uma base didática coerente com os programas apresentados.

Nosso especial agradecimento aos colaboradores da FGV Direito Rio que participaram deste projeto:

Alberto Sogayar

Graduado em direito pela Pontifícia Universidade Católica de São Paulo (PUC-SP) e em filosofia pela Universidade de São Paulo (USP). Mestre em direito urbanístico e ambiental pela

PUC-SP. *Master of laws* (LL.M) em *negotiation* pela Harvard Law School. Ex-professor de direito administrativo e constitucional nos cursos de graduação da Universidade Bandeirantes (Uniban), Universidade de Santo Amaro (Unisa) e Faculdades Radial. Ex-professor assistente de prática forense na PUC-SP. Diretor jurídico da Construtora Queiroz Galvão S/A no Rio de Janeiro e professor do IIR/IBC.

Alexandre Santos de Aragão

Mestre em direito público pela Universidade do Estado do Rio de Janeiro (Uerj), na qual é professor adjunto de direito administrativo. Doutor em direito do Estado pela Universidade de São Paulo (USP). Procurador do estado do Rio de Janeiro. Advogado.

Ana Paula de Barcellos

Mestre e doutora em direito público pela Universidade do Estado do Rio de Janeiro (Uerj), na qual é professora adjunta de direito constitucional. Sócia do escritório de advocacia Luís Roberto Barroso & Associados.

André Rodrigues Cyrino

Professor da FGV Direito Rio. *Master of laws* (LL.M) pela Yale Law School (EUA). Doutorando e mestre em direito público pela Universidade do Estado do Rio de Janeiro (Uerj). Procurador do estado e advogado no Rio de Janeiro.

Carlos Emmanuel Joppert Ragazzo

Superintendente geral do Conselho Administrativo de Defesa Econômica (Cade), do Ministério da Justiça. Graduado em direito pela Pontifícia Universidade Católica do Rio de Janeiro (PUC-Rio). *Master of laws* (LL.M) em direito da concorrência e regulação de mercados pela New York University School of Law. Mestre em direito civil. Doutor em direito da cidade pela Universidade do Estado do Rio de Janeiro (Uerj). Atuou no escritório Pinheiro Neto Advogados, na Federal Trade Comission (FTC) e na Secretaria de Acompanhamento Econômico (Seae), do Ministério da Fazenda. Conselheiro do Cade entre 2008 e 2012.

Gustavo Binenbojm

Doutor em direito pela Universidade do Estado do Rio de Janeiro (Uerj). Procurador do estado do Rio de Janeiro.

José Vicente Santos de Mendonça

Master of laws (LL.M) pela Universidade de Harvard. Mestre e doutor em direito público pela Universidade do Estado do Rio de Janeiro (Uerj). Professor permanente do mestrado e do doutorado em regulação da Universidade Gama Filho (UGF). Procurador do estado do Rio de Janeiro. Advogado.

Juliana Cardoso de Lima

Mestre em direito internacional pela Universidade do Estado do Rio de Janeiro (Uerj), na qual se graduou em direito. Pósgraduada em direito e negócios de petróleo, gás natural e energia pelo Instituto Brasileiro de Petróleo, Gás Natural e Biocombustíveis (IBP). Advogada do setor de petróleo e gás natural.

Marcelo Zenni Travassos

Mestre e doutorando em direito público pela Universidade do Estado do Rio de Janeiro (Uerj), na qual se graduou em direito. Procurador do estado do Rio de Janeiro.

Rodrigo Brandão

Professor convidado da pós-graduação em direito da FGV. Professor adjunto de direito constitucional na Universidade do Estado do Rio de Janeiro (Uerj), pela qual é doutor e mestre em direito público. Procurador do município do Rio de Janeiro.

Teresa Cristina Tschepokaitis Olsen

Mestre em teoria do Estado e direito constitucional pela Pontifícia Universidade Católica do Rio de Janeiro (PUC-Rio), pela qual é bacharel em direito. Monitora e pesquisadora da pós-graduação em direito do Estado e da regulação da FGV Direito Rio. Assessora jurídica do Ministério Público do Estado do Rio de Janeiro.

Vânia Maria Castro de Azevedo

Graduada em comunicação social, com habilitação em jornalismo, pelas Faculdades Integradas Hélio Alonso (Facha). Especializada em *publishing management* – o negócio do livro, na FGV Rio. Atua no mercado editorial como copidesque e revisora de livros técnicos e científicos e, atualmente, como revisora do material didático dos cursos de extensão e especialização da FGV Direito Rio.